Caminhante, Não Há Caminho.
Só Rastros.

Coleção Debates
Dirigida por J. Guinsburg

FOTOGRAFIAS: Adalberto Lima e Vitor Damiani (FIG. 5)

Equipe de realização – Edição de texto: Luciana de Almeida Tavares;
Revisão: Adriano C.A. Sousa; Produção: Ricardo W. Neves, Sergio Kon,
Raquel Fernandes Abranches, Elen Durando e Luiz Henrique Soares.

ana cristina colla
CAMINHANTE, NÃO HÁ CAMINHO. SÓ RASTROS.

CIP-Brasil. Catalogação-na-Fonte
Sindicato Nacional dos Editores de Livros, RJ

C661c

Colla, Ana Cristina, 1971–
    Caminhante, não há caminhos. Só rastros / Ana Cristina
Colla. – São Paulo : Perspectiva : Fapesp, 2013.
    18 il. (Debates ; 331)

    Inclui bibliografia
    ISBN 978-85-273-0973-8

    1. Teatro (Literatura) – Técnica. I. Fundação de Amparo à
Pesquisa do Estado de São Paulo. II. Título. III. Série.

13-1069.   CDD: 792.02
              CDU: 792.02

19.02.13   21.02.13   042897

Direitos reservados à

EDITORA PERSPECTIVA S.A.

Av. Brigadeiro Luís Antônio, 3025
01401-000 São Paulo SP Brasil
Telefax: (11) 3885-8388
www.editoraperspectiva.com.br

2013

AGRADECIMENTOS

Um projeto como esse é feito de parcerias (muitas!) e afetos. Pegadas que se encontraram com as minhas e fizeram parte do meu caminhar. Agradecer, aqui, é uma maneira de dizer "obrigada, você é parte desse sonho".

À Suzi Frankl Sperber, pela generosidade e sabedoria imensas – que sorte tê-la ao meu lado como leitora e crítica de meus processos de criação e como amiga, dividindo pequenos momentos, sempre tão especiais; ao Renato, meu companheiro de vida, que me impulsionou até aqui, entre resistências e inseguranças, e que sempre me inspirou pela intensidade com que vive a vida, transformando pequenos brilhos em grandes paixões; ao Carlos Simioni, pelo tanto que sempre me deu e pelo olhar atento, crítico e amoroso com que me guiou por todos esses anos; ao mestre Tadashi Endo, por habitar comigo e me presentear com sua dança, provocações, afagos, histórias, criações; aos meus amadíssimos parceiros na arte de viver e atuar Ricardo Puccetti,

Raquel Scotti Hirson, Jesser de Souza, Naomi Silman, por me ensinarem a vida em relação, com suas dores e delícias; à equipe administrativa do Lume, pelo apoio constante; ao amigo Pedro de Freitas, pelo quente sorriso e por ter sonhado comigo o início desse projeto; ao Eduardo Albergaria, pelo carinho e profissionalismo, dentre os atropelos da criação; ao Greg Slivar, por me presentear com sua belíssima música; à Vera Ferro, pela sensibilidade na pintura dos painéis, dando vida às memórias ali contidas; à Fapesp e ao Lume Teatro, que viabilizaram a pesquisa, realização e apresentação do espetáculo; ao Lucca Ruzza, que em uma rápida visita soube deixar sua marca; à Érika Cunha e ao Eduardo Okamoto, pela participação ativa no primeiro encontro com o Tadashi; ao Luís Nöthlich, pelas conversas inspiradoras, anotações, registros, traduções e silêncio cheio de palavras; ao George Sperber, que deu vida em alemão aos meus poemas-memórias; à Xinobo e Érika Hino, que me receberam tão prontamente e me auxiliaram na tradução dos poemas para o japonês; à Joana Conti, por atender tão prontamente meu chamado de última hora; ao Vitor Damiani, Adalberto Lima, André Burnier e Micheli Dechoum, pelo registro fotográfico; à minha irmã-mãe Sônia, pelas histórias familiares a mim presenteadas, pelo colo sempre presente e por ser parte da minha história; ao César, pela presença tranquila com que sempre cuidou de mim; ao Daniel Salvi, pela leitura atenciosa das primeiras palavras e por ver beleza onde ainda era esboço; aos meus filhos Manuela e Pedro, por aguentarem meus humores e ausências e pelos sorrisos que me fazem esquecer as dores e continuar sonhando.

Aos meus mortos, por me presentearem a vida
e dançarem comigo...

Caminhante, são teus rastros
o caminho e nada mais;
caminhante não há caminho,
faz-se caminho ao andar.
Ao andar faz-se o caminho,
e ao olhar-se para trás
vê-se a senda que jamais
se há de voltar a pisar.
Caminhante, não há caminho,
somente sulcos no mar.

ANTÔNIO MACHADO[1]

1. *Poesias Escogidas*, p. 254.

SUMÁRIO

Dançando Entre Memórias – *Tadashi Endo* 15

Síntese e Ritmo Como Poesia do Corpo – *Suzi Frankl Sperber* 17

Passeios Entre o Céu e o Chão – *Luiz Fernando Ramos* 23

Importante Saber Antes de Ler 27

Será Isto uma Apresentação? 33

O ATOR NARRADOR 37

Experiência e Percepção 39

Explicar a Experiência – A Narrativa Possível 43

Origem e Originalidade 45

ACONTECIMENTO VERMELHO:
O DESEJO 47

Meu Corpo Memória 47

Tadashi Endo: Meu Convidado de Honra 52

Por Que um Trabalho Solo? 53

NOSSOS ENCONTROS 57

ACONTECIMENTO AMARELO:
O PRIMEIRO ENCONTRO 61

Desconstruindo Para Construir 61

Adentrando no "Entre" 68

Memória Vivida 72

Vivenciando Limites 76

Experimentando Oposições 83

Rastros 89

ACONTECIMENTO LILÁS, ESCORRENDO
VERMELHO:
O SEGUNDO ENCONTRO 93

Você: O Espetáculo 95

JO – VELHICE – LENTIDÃO – RESISTÊNCIA 99

Corpo 102

Vibração 104

A Velha 110

Vazio 116

Atmosfera 122

Materialidade da Imaginação 125

To Be – Trocando os Ossos 132

Memória 135

DESABAFO PELO CAMINHO 145

HA – IDADE ADULTA – RAPIDEZ – RUPTURA 149
    Butô-Ma: Caminho Que Torna o Invisível Visível 151
    O Grande Artesão do Corpo 154
    O Corpo Espástico 155
    Loucura 158
    Experiências Fora do Corpo 164
    A Rosa 169
    O Espinho 177

KYU – INFÂNCIA – RAPIDEZ – ACELERAÇÃO 185

ACONTECIMENTO AZUL: A IMPERMANÊNCIA 193

Bibliografia 199

DANÇANDO ENTRE MEMÓRIAS

O trabalho começou com o poema dela sobre sua avó
Que era bastante longo e íntimo.
Como expressar as memórias de Cristina de uma maneira
interessante?

Primeiro eu cortei as palavras em excesso, concentrando
nas principais expressões do poema como vento, chuva,
idade, doença, viagem, amor, raiva, medo...

Novidades do vento, a alma do vento, a idade do vento...
Raiva chuvosa, gosto da chuva, sono chuvoso, a chuva da
pedra...
A marcha da doença, o casamento da doença...

Deixando que ela movesse essas imagens abstratas com o
corpo concreto.

Foi preciso achar uma combinação da sua própria vida e das suas memórias com a vida de sua avó.

O meio foi seu corpo.

O corpo é o passado e mantém todas as memórias em suas veias, músculos e células nervosas.

Mover-se significa ir em frente,
deixar o presente (ponto), e cada passo nos leva em direção ao futuro.

No futuro, a Cris será velha como sua avó.
Como ela se sentirá então, como viverá, como será seu corpo?
Cris deveria se sentir velha, ser velha e deveria ensinar seu próprio corpo a ser velho.
E então voltar à sua infância.
Todos os diferentes períodos de sua vida deveriam ser expressados.

A Cris tinha que buscar as memórias do seu corpo (baú de tesouros) e deixar seus movimentos sair
Até que ela se tornasse uma pequena criança como suas próprias crianças.

Foi um trabalho difícil e honesto para ambos.

Cada apresentação é um desafio.

Obrigado, Cris.

*Tadashi Endo**

* Nascido no Japão, é dançarino de butô com vasto repertório que inclui teatro nô e kabuki. Estudou em Viena e posteriormente fundou o Mamu, centro de estudos de butô que dirige em Göttingen, Alemanha.

SÍNTESE E RITMO COMO POESIA DO CORPO
sendas da beleza profunda

Walter Benjamin falou sobre a morte do narrador. Mas o fez em tempos negros, em tempos de chumbo. Ana Cristina Colla narra, em seu livro, uma história: a aventura da atriz e do ser humano que, ao querer apresentar um espetáculo, parte de alguns elementos, ainda desordenados, e todos, ainda, com a mesma valência. Por um lado havia uma experiência de expressão extracotidiana, intensa, potente, de seu corpo-atriz do Lume. Por outro, havia a vida, com os seus estágios, etapas que caminhavam da infância própria para a infância da filha Manuela. Como haviam sido selecionados alguns momentos fortes, Ana Cristina escreveu poemas que me trouxeram algo de mineiro na espera, no olhar, nas crendices, nos temores e mesmo na velhice, infância e loucura. Como poderia ser compreendido esse sabor roseano por um diretor-mentor japonês que vive na Alemanha?

De qualquer forma, havia ficado claro que a história recuperava momentos registrados e transformados pela memória e pela imaginação travestida de memória. Também ficou patente que, ao abraçar o passado, Ana Cristina o fizera pela via da poesia. O livro que agora é publicado narra os percalços decorrentes de dificuldades próprias e das eventuais e prováveis dificuldades, também, da tradução, da compreensão a partir de um olhar externo, do diretor Tadashi Endo, do que continham essa poesia e esse olhar interno.

A narração conta como foi a trajetória tradutória, a redescoberta do corpo de ator e como, nesse teatro pós--dramático, portanto sem texto, a criação advém de um diálogo às vezes doloroso ou difícil entre os interlocutores. Porque Ana Cristina Colla pensara em contar a sua vida, isto é, a vida com os seres que amou e perdeu muito cedo. Memória como fator de sobrevivência, como forma de atribuir vida aos que já não são. Somos o lugar da experiência. No caso de Ana Cristina, fazer uma experiência era deixar--se abordar pelo que a interpelava, atribuindo sentido ao vivido há tanto, mas tanto tempo! O tempo era passado e o espaço era exíguo. Daí a atribuição de valor ao inapreensível, ao nada:

Não tem altura o silêncio das pedras.[1]

Ou

Ando muito completo de vazios.
Meu órgão de morrer me predomina.
Estou sem eternidades.
Não posso mais saber quando amanheço ontem.
Está rengo de mim o amanhecer.
Ouço o tamanho oblíquo de uma folha.
Atrás do ocaso fervem os insetos.
Enfiei o que pude dentro de um grilo o meu
destino.
Essas coisas me mudam para cisco.
A minha independência tem algemas.[2]

1. M. de Barros, Uma Didática da Invenção, O Livro das Ignorãças, p. 17.
2. Idem, Os Deslimites da Palavra, op. cit., p. 13.

E o problema foi apreender a poesia das palavras em português, filtrá-las em japonês e convertê-las em arte de ator – e em cena. O desafio era enorme e daí as dificuldades, os quase desencontros. O livro de Colla tem a coragem de revelar essa trajetória, abrindo, desta maneira, os olhos dos interessados para caminhos inesperados.

A experiência sendo emoção, percepção, imagem, o próprio acontecimento valia para Ana Cristina. Ela revela no livro como Tadashi foi pouco a pouco construindo emoção, percepção e imagem, e como sua obstinação, o esforço inaudito, a paciência e, ao mesmo tempo, a manifestação de emoções permitiram um diálogo criador e criativo. Porque na ausência de um texto dramático, a cena ainda assim precisa ser criada, e isso depende de mais do que apenas um corpo de ator, mais do que um corpo subjétil, porque justamente na multiplicidade, nos entrelaçamentos e espaços vazios, faz-se necessário esse olhar externo que propõe linhas de fuga para a ação e sobretudo para que o ator abra espaço – um espaço suficiente – para o novo. A apreensão de uma experiência ainda não sabe ser nomeada e para fazer sentido precisa ser colocada para fora. O primeiro receptor é o outro de si mesmo. Como essa parte é lúdica, apresenta um jogo que revela, pelo menos inicialmente, que algum acontecimento externo repercutiu no sujeito, transformando-se em interno, mas que, em busca de sentido, se expressa por diversos meios, ainda em busca de um sentido. Mesmo o imaginário investindo objetos ou o que seja com valor simbólico – em certa medida com valor metafórico, visto que tal objeto está no lugar de outro, quando o recurso não é o da linguagem –, como os diferentes investimentos simbólicos podem ter uma leitura correspondente a símbolos conhecidos, é extremamente difícil que o ator sozinho, totalmente sozinho, consiga encontrar a forma mais plena de ressignificação, a mais condizente com o que queria ser expresso[3].

3. Cf. meu livro, *Ficção e Razão*.

Trabalhando a memória, Tadashi conduziu Ana Cristina à repetição das experiências para que elas pudessem tomar outros significados, porque o saber da experiência havia sido vertido em palavras e se havia perdido no corpo. Instalado na memória, o corpo tendia a uma expressão acomodada, apesar de tudo. Como a tendência do corpo é a busca do conforto, que tende para a inércia, a busca foi feita a partir de outras estratégias, descritas por Colla. É extremamente interessante como o ator mais experiente precisa desaprender, desautomatizar-se, e como a desautomatização se faz dialogicamente de maneira tão forte que passa a existir certa indistinção entre criador e criatura, entre criador-ator e criador-diretor. Memória chama memória; infância chama infância e algo semelhante se dá com a velhice e a idade adulta. Em última instância, o estado do qual falou Grotowski, *awareness*, precisa nascer e ser alimentado em todos os participantes, sem o que a cena não consegue ser construída. Graças a essa atenção, ou consciência – *awareness* – os sentidos foram sendo encontrados – mas não os sentidos em si: os sentidos em ato, em ação. Uma *awareness* a ser compartilhada com o espectador, que na sua vibração e energia potentes irá perceber uma "espécie de contínua e desenfreada provocação recíproca de homem e ser"[4].

Ana Cristina Colla quisera encenar momentos intensos da vida passada e da vida presente, que se juntariam em espiral levando o indivíduo. Ao invés de recuperar o tempo perdido, a trajetória foi expelida para fora do tempo, desaparecendo a noção de tempo, de futuro (nem angústia, nem ansiedade), de passado e o próprio presente desapareceu. A formação de novos pontos de vista sobre os tempos e as experiências vividas precisava de diversos reconhecimentos. O tempo revivido, a memória do corpo e a memória do tempo e do espaço precisam ser expelidos, inicialmente, para adquirirem novos sentidos. Essas memórias são traiçoeiras, porque parecem vivas, mas são capazes de acomodação. Parecem

4. G. Vattimo, *A Sociedade Transparente*, p. 62.

despertas e no conforto adormecem e escapam. Deseja-se o movimento, mas ele também sabe ser traiçoeiro.

A memória é o espaço e o tempo da criação. E só nos serve se convertida em carne, corpo vivo, intenso. Mesmo fragmentária, permitindo respiros, pausas, fluxos, refluxos, pequenos confortos, a intensidade e a plenitude não podem ser contínuas. Não é possível conservar e alimentar a intensidade em tempo integral.

Aparentemente,

o corpo negocia a atualização de uma ação presente com a sua própria duração presente. A atualização da duração presente e do próprio presente enquanto ação se dá por entrecruzamentos, relações, ações paradoxais e afetos passivos e ativos coexistentes. Em outras palavras: o mundo é a dinâmica ativa/passiva, atualização/virtualização da própria duração no/do corpo[5].

Colla descobre pela sua prática, e o revela, que a atualização de uma ação não consegue ser permanente, "nem por entrecruzamentos, relações, ações paradoxais e afetos passivos e ativos coexistentes". A atualização se dá através de *awareness*, sintetização do tempo e espaço, ou de sua ampliação. Dá-se no recesso, quando não se vê, nem se sabe, levando um tempo, quando, de repente, depois de um repouso mais ou menos longo, a *awareness* – provavelmente graças a funções neuronais ainda não explicadas, mas que em todo caso residem no inconsciente, e que trabalham em segredo – encontra a solução.

As "virtualidades potentes e presentes num corpo-agora" tanto podem desfazer-se em acomodação e inércia, como podem ser despertadas. Colla mostrou uma estratégia de Tadashi Endo: empenhar-se na superação do impossível, daquilo que não é dado, nem treinado, nem está disponível. É acessar o indisponível.

Colla descobriu que se Ferracini disse que "MEMÓRIA é CRIAÇÃO e também RE-CRIAÇÃO, uma constante criação e

---

5. R. Ferracini; A.C. Lewinsohn, Uma Pedagogia da Memória-Ação, *Revista Olhares*, n. 1, p. 23.

recriação de atuais que são gerados por virtuais em turbilhonamento", a coisa é mais complexa que o turbilhonamento, mais complexa que a ideia da continuidade ou que o "furacão de criação de atuais e virtuais." O furacão não é um furacão, a não ser em momentos privilegiados. O furacão, que parece existir em um só, é criado a partir de sopros de compartilhamentos dialógicos. A "atualização [que], em si mesma, gera mais e mais virtuais que por sua vez se (re)lançam na própria memória-corpo, pressionando a formação de novos atuais sempre instantâneos, fugidios, instáveis e assim *ad infinitum*" exigiria um nível de intensidade existencial insuportável. Fracasso? Fraqueza? Não: realidade. O corpo, a memória, a criação dependem de tempos de espera, tempos de vazio, tempos de decepção, até um momento e tempo em que um trabalho interno, silencioso e aparentemente inexistente encontra a resolução do problema em ato, em potência e em ação. Se existe inércia do corpo, se o corpo se instala no conforto, a mente, em atenção (*awareness*) não deixa de trabalhar no problema. Daí ser necessária a paciência e a compreensão de que o insolúvel precisa de tempo, silêncio e vazio aparente para ser preenchido com outra configuração.

E em meio aos desafios, tanto a narração de Ana Cristina Colla, como seu corpo e ação em *Você* encontram a solução através da poesia do corpo, que, como a poesia da palavra, se dá na extrema síntese, no ritmo. E as imagens, a delicadeza da escolha das palavras e vibrações tornam este livro não só importante para a arte de ator, mas também uma leitura extremamente prazerosa cuja riqueza desperta novas associações em seus leitores, descobertas a abrir novas sendas para solos criativos profundos.

*Suzi Frankl Sperber**

---

* É coordenadora associada do Núcleo Interdisciplinar de Pesquisas Teatrais-Lume e professora de Teoria Literária do IEL-Unicamp.

PASSEIOS ENTRE O CÉU E O CHÃO

Uma das marcas do teatro contemporâneo é trazer contíguos a prática e a teoria. Principalmente naqueles processos de experimentação que envolvem risco e propõem novos olhares e novas formas espetaculares, a reflexão fixada no papel trai uma cumplicidade com as ações encenadas, e estas, as realizações cênicas, carregam pelo espaço os traços invisíveis dos pensamentos que as tramaram. *Caminhante, Não Há Caminho. Só Rastros* se insere nessa tradição recente, mas opera, dentro dela, de modo muito particular e idiossincrático, propondo uma narrativa híbrida entre ser o protocolo rigoroso da experiência criativa e o passeio lírico de uma artista curiosa pelos vastos campos da linguagem escrita.

Ana Cristina Colla é uma das integrantes do Lume, laboratório da Universidade de Campinas que tornou-se internacionalmente respeitado pelo trabalho diligente e continuado de investigação da arte do ator. Ela faz parte de uma segunda geração do Lume que, tendo ingressado no grupo há quase vinte anos, foi responsável por consolidá-lo tanto como referência artística quanto na condição de centro de pesquisa acadêmica. Este trabalho representa um verdadeiro acerto de contas seu com esse passado, em que as energias de uma vida, depositadas em duas décadas de treinamentos diários, são reavaliadas no ato de colocar como atriz e pesquisadora novamente em risco, tratando de criar um trabalho solo e fazer dele a base objetiva de uma teorização de fôlego que lhe valesse como um doutorado.

O êxito no cumprimento desta proposição, bem como sua resultante neste livro, deveu-se, além do talento da atriz e da sensibilidade da escritora, ao encontro dela com outro artista singular, o ator-dançarino Tadashi Endo, que colocou-se como um dínamo propulsor da revolução interna em que Colla se lançara, e serviu-lhe de interlocutor, paradigma e revisor crítico em todo o processo de criação.

É desse encontro casual de duas escolas contemporâneas voltadas para as artes corporais, que surge a originalidade e interesse maior desse livro. De um lado a tradição do butô japonês, que Endo desdobra no que chamou de butô-ma (estar entre) a partir dos ensinamentos que obteve com Kazuo Ohno e de sua própria familiaridade com outras tradições de seu país como os teatros kabuki e nô. De outro a jovem, mas consolidada, prática investigativa do Lume, que fez da recusa às formas convencionais do teatro e da adesão à radicalidade de Grotowski pressupostos para um trabalho vertical de experimentação do ator.

Por meio de uma prosa leve e feminina, nos seus achados linguísticos de expressões simples em que a minúcia das descrições se alia à concreção do narrado, a autora dá conta de um complexo processo de criação. A sinceridade do depoimento e argúcia da observação autocrítica se combinam para ao mesmo tempo legitimar as provas e encantar pelos resultados. Considerando que o belo espetáculo decorrente – *Você* – não acompanha este volume, aqui, na leitura que se inicia, tratar-se-á mais de resgatar algo vivido intensamente do que de tornar presente a obra. Ao mesmo tempo, muito mais do que uma tese abstrata, a reflexão teórica presente tem as marcas de uma intuição poderosa da artista e o percurso realizado muito interessará aos leitores que buscam conhecimentos sobre os procedimentos da atriz e pesquisadora. De fato, o leitor comum se encontrará com uma narradora inspirada, que tece com delicadeza e brilho a trama inconsútil de sua caminhada.

*Luiz Fernando Ramos**

---

* Dramaturgo e encenador, leciona Teoria do Teatro no Departamento de Artes Cênicas da ECA-USP, em que coordena o Grupo de Investigação e do Desempenho Espetacular (Gide).

IMPORTANTE SABER ANTES DE LER

LUME: é um Núcleo de Pesquisas Teatrais criado em 1985 na Universidade de Campinas (Unicamp) com o propósito de ser um centro de estudo e pesquisa da arte de ator. O Lume tornou-se um dos poucos grupos do país a conseguir manter um projeto de trabalho em longo prazo, com um elenco fixo de atores dedicados à construção de um modo próprio de se pensar e fazer teatro.

Nessa trajetória uma das principais fontes de criação e renovação do Lume Teatro tem sido a constante realização de intercâmbios com importantes artistas, grupos e mestres da cena artística mundial. Trocas estas que possibilitam um confronto/diálogo entre diferentes modos de se fazer e pensar o teatro, realçando as distintas identidades e contribuindo para a sempre necessária "puxada de tapete" no desenvolvimento das pesquisas do Lume. Dentre as colaborações mais íntimas, frutíferas e duradouras podemos destacar os seguintes parceiros: Iben Nagel Rasmussen e

Kai Bredholt (Odin Teatret, Dinamarca), Natsu Nakajima, Anzu Furukawa e Tadashi Endo (Japão), Teatro de Los Andes (Bolívia), Nani e Leris Colombaioni (Itália), Sue Morrison (Canadá) e Norberto Presta (Argentina).

No Lume, busca-se o "ser ator" através do princípio de se pesquisar o homem e suas relações, seu corpo e sua dimensão interior via treinamento e representação; o desenvolvimento de técnicas pessoais de representação para o ator que extrapolem os limites da expressão física e vocal; a construção de espetáculos de forte expressividade e capacidade de interação com o público que se adaptam tanto ao palco italiano tradicional como também aos espaços abertos e não convencionais.

Com sua postura ético-estética particular, o Lume criou não apenas o seu próprio fazer teatral, que se reflete nas experiências artísticas singulares provocadas por seus espetáculos, mas, como Centro de Pesquisa Teatral, também se tornou um ponto de referência para atores e pesquisadores do teatro que bebem deste redimensionamento do ofício do ator em termos de técnica e ética. O Lume, através de seus espetáculos, cursos, trocas culturais, intercâmbios de trabalho, reflexão teórica, do palco e da rua, celebra o teatro como a arte do encontro e o espaço ideal de valorização do ser humano.

Além da sua atuação na área artística, cultural e acadêmica em todo o Brasil, o Lume Teatro constantemente participa de importantes festivais, seminários e eventos internacionais. Nossos espetáculos e demais atividades já foram mostrados em 25 países: Argentina, Peru, Equador, Bolívia, Costa Rica, Nicarágua, Grécia, Dinamarca, Finlândia, Noruega, Itália, Espanha, Inglaterra, Escócia, França, Alemanha, Bélgica, EUA, Canadá, México, Portugal, Egito, Israel, Coreia do Sul e Polônia.

MIMESE CORPÓREA: é uma das linhas mestras de pesquisa do Lume. Consiste num processo de trabalho que se baseia na observação, codificação e posterior teatralização de ações físicas e vocais observadas no cotidiano, sejam elas oriundas de pessoas, animais, fotos ou imagens pictóricas. A descrição de seus mecanismos bem como as reflexões sobre essa abordagem encontram-se desenvolvidas nos livros de Luís Otávio Burnier, Renato Ferracini, Ana Cristina Colla e Raquel Scotti Hirson.

DANÇA PESSOAL ou dança das energias: nome dado a uma das linhas de pesquisa do Núcleo que consiste na dinamização das energias potenciais do ator que se manifestam por meio de tensões musculares. Trabalha com a manipulação de ações decorrentes de diversas qualidades de energia, buscando explorar no corpo energias potenciais e primitivas do ator que estão sendo dinamizadas em seu treino pessoal. Reflexões sobre a dança pessoal podem ser encontradas em Burnier.

BUTÔ: a dança butô tem sua origem no Japão pós-guerra, criada por Tatsumi Hijikata e Kazuo Ohno, tendo se expandido para o ocidente através de seus discípulos. É uma manifestação artística cuja principal característica está no processo de elaboração técnica individual do ator-dançarino, tendo como base uma série de princípios extraídos do teatro nô e kabuki e da dança ocidental clássica e moderna. O butô, portanto, não propõe uma formalização corpórea fechada, mas metodologias para a busca de uma elaboração técnica pessoal.

Os trabalhos realizados no Lume trilham caminhos variados e permitem uma comunicação e troca com os métodos do butô, pois também exploram, de certa forma, processos que permitem e induzem o ator a buscar uma elaboração técnica pessoal, coerente com sua cultura específica. Os atores do Lume realizaram intercâmbios com importantes mestres de butô, como Natsu Nakajima, Anzu Furukawa e Tadashi Endo.

O butô tem ligação direta com a dança pessoal no que se refere ao mergulho na própria corporeidade para a criação de uma dança particular: "a dança butô é incerta, não tem uma 'forma' definida, não existe uma 'técnica butô'; cada um deve encontrar por si sua própria dança e sua maneira particular de criar"[1].

TADASHI ENDO: Em sua trajetória de ator-dançarino, começou seus estudos pelo kabuki e nô, formas tradicionais do teatro japonês. Mais tarde, se aprofundou no teatro ocidental. Em 1989, conheceu Kazuo Ohno, com quem desenvolveu estreita colaboração, decisiva para seu processo criativo. Embora tenha iniciado sua vida artística na Europa, sua obra está impregnada das tradições japonesas, partindo do butô para buscar novas abordagens para a dança. Assim, faz uma síntese entre teatro, performance, improvisação e dança. Ao longo de seus sessenta anos de vida, Tadashi definiu seu caminho na dança no que ele chama de butô--ma (estar entre). Dirigiu os seguintes espetáculos do Lume: *Shi-zen, 7 Cuias, Sopro* e *Você.*

PUBLICAÇÕES: Reflexões teóricas realizadas pelos atores do Lume Teatro acerca das pesquisas desenvolvidas podem ser encontradas na *Revista do Lume* e nas seguintes publicações:

BURNIER, Luís Otávio. *A Arte de Ator: Da Técnica à Representação.* 2. ed. Campinas: Editora da Unicamp, 2009. Consiste no registro de toda a elaboração, sistematização e codificação de técnicas corpóreas e vocais de representação dos dez primeiros anos de pesquisa do Lume.

FERRACINI, Renato. *A Arte de Não Interpretar Como Poesia Corpórea do Ator.* Campinas: Editora da Unicamp, 2003. É uma proposta de formação de um ator não interpretativo, com base nas experiências técnicas e metodológicas do Lume. As etapas desse processo de formação, além de descritas, foram registradas de forma audiovisual em um CD-ROM interativo.

FERRACINI, Renato. *Café Com Queijo: Corpos em Criação.* São Paulo: Aderaldo & Rothschild, 2006. Esse livro busca dissertar,

1. T. Endo, Shi-zen, 7 Cuias, *Revista do Lume*, n. 6.

analisar, discutir e refletir o processo de mimese corpórea: trabalho de recriação de ações físicas e vocais através da observação do cotidiano desenvolvido pelo Lume. Também analisa o processo de criação e montagem do espetáculo *Café Com Queijo*. Mas como pensar a mimese corpórea e uma montagem de espetáculo gerado nesse processo sem falar antes sobre o Lume e sua conduta de trabalho? Como analisar *Café Com Queijo* – um trabalho baseado na "presença" e organicidade do corpo do atuante – sem antes discutir sobre o trabalho do ator? E como discutir sobre um suposto possível corpo-em--arte-de-ator – que gera, em si mesmo, pensamentos independentes, pois é um pensamento de cunho poético – buscando recriar um discurso conceitual com esse pensamento e não sobre esse pensamento? E, dentro desses axiomas, como discutir codificação e retomada de ações, treinamento, pré-expressividade, energia, organicidade e presença no trabalho de ator? Esse livro, obviamente, não responde a essas questões, mas discute possibilidades...

FERRACINI, Renato. *Corpos em Fuga, Corpos em Arte*. São Paulo: Hucitec, 2006. Este livro foi organizado para refletir diferentes articulações cênico-poéticas das propostas do Lume. São vários textos de seus atores e colaboradores que recriam em discurso algumas possibilidades de conceituação e pensamento da preparação de um corpo-em-arte. É uma parte do reflexo conceitual e descritivo das pesquisas desenvolvidas pelo Lume que, no ano de 2005, completou vinte anos de criações poéticas de um corpo expressivo inserido em situação espetacular.

COLLA, Ana Cristina. *Da Minha Janela Vejo... Relato de uma Trajetória Pessoal de Pesquisa no Lume*. São Paulo: Hucitec, 2006. No território da escrita, qual é o verbo do ator? Esse foi o ponto de partida para a elaboração das reflexões contidas nesta publicação, relato parcial de dez anos de pesquisa prática no Lume. Acreditando que a busca da própria singularidade seja o único caminho para se chegar ao conhecimento partilhável, as reflexões dividem-se entre a escrita poética, que permite alçar voos na tentativa de comunicar o não palpável, e a escrita objetiva, descritiva dos mecanismos metodológicos, conduzindo ao distanciamento necessário para a reflexão.

HIRSON, Raquel Scotti. *Tal Qual Apanhei do Pé: Uma Atriz do Lume em Pesquisa*. São Paulo: Hucitec, 2006. O percurso da criação teatral traz em seu corpo virtualidades que não se atualizam de maneira padronizada e gera inúmeras ações físicas e vocais orgânicas. Essas ações são matrizes que pressupõem pesquisas preliminares que as impulsionem e deem suporte como material de criação e recriação. Se não treinarmos o corpo em vida do ator, criando ferramentas para descobrir "como" impulsioná-lo, não encontraremos os caminhos de seus desdobramentos e devires. Treinado e mergulhado em amplitudes de possibilidades, o ator se permite olhar ao derredor em idas e vindas de descontínuas atualizações que se encontram em não lugares carregados de intensidades. Não lugares que podem ser criados e recriados segundo o histórico de cada nova investigação. O livro segue o seguinte roteiro: a. treinamento de ator; b. processos de coleta de material, através da dinâmica com objetos, da dinâmica do animal e da mimese corpórea (incluindo relato de pesquisa de campo); e c. descrição de como esses materiais foram manipulados e transformados para a criação do espetáculo teatral *Taucoauaa Panhé Mondo Pé*.

SERÁ ISTO UMA APRESENTAÇÃO?

Eu nasci Ana Cristina,
filha de Ana, neta de Maria.
Era pra ser Ana Maria, mas a vó disse que Maria sofria demais.
Aí me nomearam Ana Cristina,
de Cristo.

Nasci miúda.
Míope me tornei quando comecei a crescer.
Ser atriz nunca foi sonho,
fui sendo.
Talvez pela vocação de ser casulo.
O Lume foi uma escolha e uma sorte.
Ou será acaso?
(Nos dias felizes penso que foi merecimento,
nos dias tristes penso que não tenho saída).
Desse Lume sou parte, aqueço e por ele sou aquecida.
Cheguei pelas mãos do Luís, que partiu cedo, mas antes me ensinou a arte de serestar.

Lá encontrei Simioni e Ricardo. Junto comigo vieram Renato, Jesser e Raquel: a Naomi chegou logo depois e foi ficando.
E como as portas estavam abertas, para chegar e partir, foram indo e vindo, Luciene, Ana Elvira, Barbara, Suzi, Barbosa, Dona Nair, Pedro, Cynthia, Leda, Giselli, Carlota, Eduardo, Maria Emília, Dani e outros e outros...
Fui ficando... dezenove anos se passaram.
Às vezes, escrevo sobre o vivido, depois me envergonho e me calo em seguida.
Sem-vergonha, esqueço da vergonha e escrevo de novo, sabendo que ela logo virá.
Acho graça nesse medo de dizer e me digo.

> *Graças a ele, entendi que o mundo da escrita não dependia de Londres nem de Milão, mas girava em torno da mão que escrevia, no lugar em que ela escrevia: aqui está você – aqui é o centro do universo.*
>
> AMÓS OZ[1]

Quem olha, olha de algum lugar, e esse lugar, muitas vezes, determina o olhar. Dei o nome de *Da Minha Janela Vejo... Relato de uma Trajetória Pessoal de Pesquisa no Lume* para a minha dissertação de mestrado, escrita em 2003. Era ali, da minha janela, que eu pretendia lançar o olhar para os últimos dez anos de trabalho investigativo no Lume como atriz-pesquisadora.

Meu desejo era ambicioso e ao mesmo tempo simples. Ou assim deveria sê-lo. Não deveria ser uma tarefa tão complicada organizar procedimentos, principalmente quando eles fazem parte de nós durante tantos anos. E eu não pretendia dar conta de todos os procedimentos desenvolvidos pelo núcleo, somente daqueles com os quais tive experiência. Ali percebi o quão difícil, e nada simples, é descobrir sua própria voz. Neste momento também descobri a quase impossibilidade de esconder-me por trás de uma outra voz.

---

1. *De Amor e Trevas*, p. 557.

Soa falso, o timbre irrita os ouvidos, um tremor ameaça sempre surgir, o excesso de palavras denuncia a ansiedade. Com essa experiência, vislumbrei um sussurro, o início das primeiras frases, um gostoso sabor de descoberta.

Tomei gosto e agora, novamente, procuro engrossar a voz, dar-lhe corpo de "gente", para que possa dizer de onde veio, para que veio e o que anda fazendo por essas paragens.

Lendo Walter Benjamin, redescobri a palavra "narrador"[2]. Já era para mim uma palavrinha gasta, quase nem a usava mais, sempre me remetia às tarefas da escola primária: "narração sobre minhas férias". E me peguei com o desejo de também eu me tornar narradora. Foi um daqueles desejos secretos, que percebemos nascendo e vamos ignorando, esperando que a vontade passe. Mas o tempo foi passando e esse desejo foi criando morada; já grandinho, não dava mais para não ser visto. Dia desses, criei coragem e olhei para ele, sérios os dois, avaliativos. Será que damos conta da imensidão que parece ser essa história de narrar, de transformar em palavras experiências vividas?

2. Cf. O Narrador, *Obras Escolhidas I*.

O ATOR NARRADOR

Recontar é sempre um ato de criação.

ECLÉA BOSI[1]

Tenho mania de juntar cacarecos, pequenos objetos, retalhos, pedaços de lã, diários vários, começados e nunca acabados – o parto da Manuela, sonhos, ideias de espetáculos, esboços de cenas e assim por diante. Mania da Vó Maria que não jogava nada fora e ia alinhavando, peça por peça, criando um grande cordão guardado na gaveta. "Isso um dia pode servir para alguma coisa..." Esses guardados me ajudam a criar raízes, a mapear um caminho percorrido. Olhar para eles me liberta de mim mesma porque os recrio a cada novo contato. Ao mesmo tempo, imprimem significado em mim: por que guardei este e não aquele? Quando remexo nesse baú, o tempo passa gota a gota, espremido, a

1. *O Tempo Vivo da Memória*, p. 22.

percepção vai se alargando. Alguns objetos jogo fora, perderam a cor, outros resistem e retornam para o seu lugar com lustro renovado e dividindo espaço com novas companhias. O mesmo faço com imagens, lembranças, memórias vividas. Revisito-as. Depois tenho dúvidas sobre sua filiação. Eu as vivi ou tomei emprestado? De qualquer modo, são minhas.

Descobri que só sei falar do que é meu. Daquilo que me perpassou. Talvez por isso guarde tanta coisa, para não correr o risco de ficar muda. Tenho medo do vazio, de nele me perder, por isso o busco e dele fujo.

Encontro Jorge Larrosa Bondía que me fala sobre o "saber da experiência"[2] e sinto um novo estralo, "é sobre isso que quero narrar!". É sobre esse lugar miúdo, "miguilim", que quero lançar o olhar e alargar, alargar, expandir. E assim chegar ao outro e provocar. Quero falar do que me é próximo, próprio, de um lugar sobre o qual só eu mesma sei, e de onde ninguém mais pode olhar.

– Olha, agora!

Miguilim olhou. Nem não podia acreditar! Tudo era uma claridade, tudo novo e lindo e diferente, as coisas, as árvores, as caras das pessoas. Via os grãozinhos de areia, a pele da terra, as pedrinhas menores, as formiguinhas passeando no chão de uma distância. E tonteava. Aqui, ali, meu Deus, tanta coisa, tudo...[3]

O ator é visto aqui como um narrador de experiências. Um misto de "camponês sedentário" e "marinheiro comerciante". O primeiro, sem sair do país, conhece suas histórias e tradições; o segundo, viajante por profissão, tem muito a contar sobre suas andanças. Ambos têm experiência, seja o vivido em profundidade, de raiz forte, seja a pluralidade, vivida em goles dispersos. Vemos o fato narrado se transformando em saber adquirido, fruto da experiência, e o vivido como formador das histórias narradas.

2. Notas Sobre a Experiência e o Saber da Experiência, *Revista Brasileira de Educação*, n. 19.
3. J. Guimarães Rosa, *Manuelzão e Miguilim*, p. 139-140.

Ambiciono que através da narração dos fatos se dê a organização dos procedimentos da experiência adquirida. Que na vivência das experiências se dê a construção da memória do corpo, e na organização dos procedimentos, sua repetição e possível transmissão.

Experiência, narração e informação. Imagem e memória. O ator que se propõe a escrever sai da cena para integrar outros papéis, sendo um deles o de narrador de uma experiência particular e única, do qual é parte integrante. Qual é a narrativa possível?

A briga constante com a "imaterialidade" do sensível, da arte teatral, do caminho percorrido. Como organizar procedimentos de maneira a auxiliar sua visualização, análise e avaliação bem como sua transmissão, mantendo o princípio do frescor da experiência? Elaborar uma narrativa que também seja capaz de provocar uma experiência em quem a recebe. Organizar uma experiência singular de maneira que seja plural. "As palavras com que nomeamos o que somos, o que fazemos, o que pensamos, o que percebemos ou o que sentimos são mais do que simplesmente palavras."[4]

O ator narra através das imagens que cria e corporifica, através da palavra, voz, pele, ossos, suor. Ambiciona transpor territórios, encantar, envolver, encantar-se, envolver-se, transportar-se.

O que é, para ele, experiência?

Para o ator, a experiência se dá, principalmente, quando o seu saber está impresso no corpo.

Experiência e Percepção

Quando entramos numa sala de trabalho, no caso do ator, nunca sabemos o que aquele dia nos reserva. Entre quatro paredes, solitários ou acompanhados, nos propomos

4. J.L. Bondía, op. cit., p. 21.

a construir uma experiência. Muitas vezes, as "paredes" são simbólicas, vamos para a rua, para espaços ligados ao tema de interesse, para a chuva, o viaduto, o escuro da noite. Investigamos diferentes pontos de partida para que essa vivência intensa aconteça: exercícios físicos diversos, música, silêncio, imagens poéticas, textos, objetos, a solidão, o outro. Muitas vezes, não encontramos nada por tanto procurar. (Nada? Talvez esse também seja um encontro.) Lidamos cotidianamente com um estado de suspensão de nós mesmos e de nossas expectativas, o que nos obriga a lidar com o tempo e com a percepção de maneira diversa da maioria das pessoas. Quatro horas entre essas paredes podem significar uma viagem de anos. Quem já se propôs a executar uma simples ação, como a de levar uma hora para sentar-se no chão? Ou levar mais meia hora para deslocar seu corpo da posição sentada para a deitada? Eu já. Ou ficar equilibrando-se em uma perna só durante cinquenta minutos? Eu já. E aí, sou melhor atriz por isso? Seguramente, não. Seguramente, não é o fato de me equilibrar em uma perna só ou sentar-me lentamente que definirá minha qualidade de atuação, mas sim a proposição para a realização dessa experiência. E os extremos que essa proposição me proporciona enquanto experiência intensa.

A primeira proposição é a suspensão do tempo externo e a instalação de um tempo outro, a ser descoberto, que me exige esforço para sua manutenção. Aqui, paro para pensar em ação, para escutar o movimento, rompo com os automatismos cotidianos, cultivo a atenção e me delicio com a lentidão. Redescubro minha respiração, o limite de cada feixe muscular que sustenta meu corpo e o peso imenso que ele parece possuir agora. Tento esvaziar o pensamento, muito pensando, "merda, que ideia essa minha!", "será que ainda falta muito tempo?", até que os excessos vão passando, a ansiedade vai dando espaço para uma percepção mais sutil, permeada por imagens voláteis, sensações, pequenos prazeres. Como segunda proposição, suspendo o juízo e a vontade, sim, porque, do contrário, me sentiria estúpida por suar em bicas e suportar dores musculares para a execução de uma ação que eu poderia realizar em segundos e sem esforço, e me abro para ser afetada pela experiência a que me propus. E talvez a premissa mais importante para provocar essa vivência seja a construção de um processo investigativo que permita colocar-me em situação de risco. Por risco entendo permitir-se estar vulnerável, ultrapassar limites, viver uma experiência ligada à exposição, à prova, ao perigo. Ir além do confortável, conhecido, mastigado. E nem precisamos ir muito longe. Às vezes, só no ato de nos colocarmos de frente para um espectador, olho no olho, sem ações prévias programadas, apenas para olhar e ser olhado, já temos a sensação de palpitação, de vulnerabilidade, riso besta no rosto, mãos tagarelas, perna que balança.

Tal experiência é como uma travessia que envolve perigo, porque ambiciona romper fronteiras, situar-se no espaço vulnerável e ir além, até o fim, no limite possível, para que a transformação aconteça. Vida e morte, como possibilidade de renascimento:

fazer uma experiência com algo significa que algo nos acontece, nos alcança; que se apodera de nós, que nos tomba, nos transforma. Quando falamos em "fazer" uma experiência, isso não significa precisamente que nós a façamos acontecer, "fazer" significa aqui: sofrer, padecer, tomar o que nos alcança receptivamente, aceitar, à medida que nos submetemos a algo. Fazer uma experiência quer dizer, portanto, deixar-nos abordar em nós próprios pelo que nos interpela, entrando e nos submetendo a isso. Podemos ser assim transformados por tais experiências, de um dia para outro ou no transcurso do tempo.[5]

O que NOS acontece. O que NOS transforma. O que NOS interpela. Somos esse território de passagem, essa zona de confluência onde distintas forças se interpelam, somos o espaço onde as coisas acontecem, o lugar da experiência. Movidos pela paixão, submetidos ao objeto de desejo eleito.

5. Martin Heidegger, apud J.L. Bondía, op. cit., p. 27.

Paixão que nos liberta e aprisiona, expande horizontes, nos apresenta o mundo, mas mantendo-nos sempre cativos, circulando em profundidade sobre os mesmos fascínios. Nesse território da experiência viva nada permanece, tudo é passagem. Sair de si, da posse de si mesmo e submeter-se ao desejo, sempre inatingível. Sempre há algo mais. Um novo passo. Um novo desafio.

E como captar essa experiência senão através de um olhar sobre nós mesmos e sobre como respondemos e reagimos ao que nos acontece em busca de um sentido? O saber fruto da experiência é "o que se adquire no modo como alguém vai respondendo ao que vai lhe acontecendo ao longo da vida e no modo como vamos dando sentido ao acontecer do que nos acontece"[6]. Não em busca da verdade, mas de dar um sentido ou sentidos ou não sentidos ao que nos atravessa. Não se trata de um saber intelectual, advindo da informação, mas de algo adquirido no decorrer de distintas vivências.

Por isso, a experiência é única e sempre singular, "não pode separar-se do indivíduo concreto em quem encarna"[7]. Não temos como usufruir a experiência do outro a não ser tornando-a própria. Como ser singular, em fluxo contínuo, reconstruímo-nos o tempo todo a partir de referências pessoais. Sendo a experiência algo que nos acontece e não o acontecimento em si, cada indivíduo terá uma vivência particular, ainda que compartilhando de um mesmo acontecimento. Em um processo de criação ou treinamento coletivo, isso é bastante evidente. Partindo dos mesmos estímulos, sejam eles objetivos ou não, a resposta é sempre singular e impossível de ser repetida. Esse saber adquirido via experiência é algo inerente àquele indivíduo, colado à sua pessoa, configurando sua maneira de estar no mundo, seja como ser social ou através de sua criação artística.

6. J.L. Bondía, op. cit., p. 27.
7. Ibidem.

Explicar a Experiência – A Narrativa Possível

O mesmo ocorre com a narração dessa experiência. Recontar é sempre um ato de criação, pois envolve a memória e seu fluxo circular e contínuo, em constante atualização. Toda narrativa se desenvolve no tempo, fala do tempo e no tempo. Ou, em outras palavras, "explicar é sempre uma reformulação da experiência que se explica"[8]. E essa reformulação ou recriação é intimamente relacionada com quem a formula e ao momento em que a formula. Explicar uma experiência é uma experiência distinta da experiência que se pretende explicar.

Quando nos propomos a uma narrativa escrita sobre um processo de criação de um espetáculo teatral e os procedimentos que envolvem essa investigação e a apresentação cênica resultante desse processo – nossa narrativa da cena –, circulamos entre duas narrativas distintas cujos receptores também possuem diferentes expectativas: os que acessam através da escrita esperam encontrar "viabilidade", comprovação, verossimilhança nos procedimentos aplicados, e o receptor da poética pretende ser encantado. Racional e sensível. Como unir as duas vias na narração escrita, sendo também ela uma criação poética capaz de seduzir, conduzindo o leitor aos meandros da criação, associando a ela a informação compreensível em si?

Nas próximas páginas, circularemos por palavras. Talvez nem todos que as leiam terão acesso ao espetáculo resultante dessa investigação e seguramente nenhum dos leitores teve a possibilidade de compartilhar os meses de investigação prática que deram origem ao espetáculo, nos restando, portanto, uma única via de comunicação: as palavras aqui narradas por mim. Acredito no poder imagético e sensorial que as palavras possuem, capaz de criar elos que unam seres distintos, nos permitindo compartilhar singularidades. Apostando nesse poder é que me proponho a narrar as experiências, abrindo uma brecha, uma pequena

---

8. H. Maturana, *Cognição, Ciência e Vida Cotidiana*, p. 42.

fresta por onde todos poderão espiar e partilhar o vivido. Para, quem sabe, inspirar, inquietar, remexer...

A narrativa que segue parte do território da prática, da sala de trabalho, de experiências vividas, de um território pulsante, onde as metáforas, imagens, aproximações, associações, são parte intrínseca da comunicação, dando origem a uma lógica própria, provocando, assim, uma fissura no entendimento comum das palavras e permitindo que a comunicação aconteça mais efetivamente entre os membros que compartilham essa mesma experiência. São palavras corpo, carregadas de cheiro, cor, densidade, movimento, memória. Não busque palavras conceitos: essas fazem parte do território do discurso (necessário e bem-vindo!), mas de origem distinta. Pensemos juntos em ação.

Vários tempos circularão na narrativa. O tempo cronológico, objetivo, que nos auxiliará na visualização do todo: qual período, quantos dias, quantas horas, os pés no chão, nossa ilusão de domínio do tempo. O tempo mítico, próprio da criação, da imensidão vivida no minuto suspenso, da percepção alargada gota a gota. Bem como o passado presente do acontecimento vivido e atualizado através da minha reformulação dos fatos. O presente presente que sou enquanto narro, diferente do que fui quando vivi o que hoje narro.

O ingresso no tempo mítico e a saída dele acontecerão em todo o decorrer da narrativa. Quarenta minutos num pé só, medida clara e objetiva. Quarenta minutos num pé só! É uma eternidade. A potência da criação só é possível a partir da experiência nesse tempo infinito.

Assim como várias vozes estarão presentes, alguns nomes aparecerão: Tadashi, Simioni, Eduardo, Luís, Érika, José Gil, Deleuze, Renato Ferracini, Kazuo Ohno, Hijikata, entre outros que se fizeram presentes e auxiliaram durante o processo. Algumas vozes foram transcritas partindo do registro videográfico realizado; outros como Hijikata e Kazuo falaram através das histórias contadas pelo Tadashi, lidas ou vivenciadas por ele; outras foram ouvidas com os olhos, pinçadas de seus lugares para rechearem e clarearem princípios que me pareciam difíceis de serem comunicados. Todas essas vozes se enovelam com a minha – a voz guia dessa narrativa – que muitas vezes se funde com a do Tadashi (parceiro de toda essa travessia), ouvida através da minha janela.

As reflexões aqui presentes foram escritas logo após a experiência prática ter sido realizada, com a tinta ainda molhada e seu cheiro forte atuando sobre os sentidos. É fruto do momento em que foi escrita e cujo tempo prematuro se refletirá seguramente sobre a narrativa. Talvez um espaço maior de tempo entre o vivido e o narrado pudesse me conduzir a um distanciamento benéfico para a reflexão, mas a urgência em fazê-lo, não externa ou burocrática, mas interna, me levou a optar por correr o risco.

Origem e Originalidade

Quando se faz parte há tantos anos de um grupo com a força do Lume, chega-se a um momento em que você se pergunta quem você é e qual sua contribuição dentro desse todo. Pergunta besta, a resposta talvez não modifique em nada o seu fazer artístico, afinal, ele é fruto desse todo, mas essa inquietação passa a rondar, correndo em paralelo. Não se trata de uma angústia, ou sentimento de perda de identidade, é apenas desejo, mais um desafio a ser transposto.

Acredito que a originalidade está na singularidade do olhar e no prosseguimento de um caminho iniciado muito antes da minha chegada e hoje compartilhado com meus parceiros de pesquisa. A assimilação de ensinamentos aprendidos e sua continuidade naturalmente originaram desdobramentos, e não pretendo negar-lhes as origens, mas sim reafirmá-las:

Nada mais próprio para revelar e determinar as características novas, originais e peculiares de um artista do que seu desenvolvimento em ambiente natural, sua formação por meio da aceitação e prolongamento da lição alheia e sua diferenciação do mestre e dos companheiros emergindo exatamente no ato de continuar o primeiro e assemelhar-se aos outros.[9]

Isso se partirmos do pressuposto de que técnica é uma compilação de procedimentos e elementos organizados de maneira particular. E que a experimentação e desenvolvimento desses elementos só podem ser assimilados individualmente, para assim tornarem-se próprios. E que nunca uma pessoa fará igual à outra, porque os sujeitos são diferentes entre si e sua relação com os procedimentos é particular. Podemos, assim, considerar que a organização pessoal de procedimentos experienciados pode ser denominada de uma técnica pessoal, individual, mesmo que ela possua pontos de contato com outros.

E é em busca da compreensão dessa técnica que me dirijo. Depois de tantos anos de pesquisa, tornou-se urgente vivenciar um novo desafio, colocar-me novamente em situação de risco, experimentar um processo prático de pesquisa que conduza a uma ressignificação de meus códigos corporais e à ampliação dos mesmos. Uma experiência. Pretendo que essa seja minha narrativa poético-prática.

E colada a essa prática me proponho a construir uma narrativa escrita que abarque esse processo de investigação artística pessoal. Espero que ambas me ajudem na visualização de uma identidade particular e me auxiliem num descolamento dessa força coletiva com a qual me confundo muitas vezes e da qual sou parte integrante. Esse é meu desejo egoísta. O outro, mais abrangente, mas igualmente intenso, é que através dessas narrativas possa dar-se um compartilhar de vivências, e, quem sabe, propiciar uma experiência.

Se acontecimentos e vivências geram experiências que, por sua vez, são memórias constantemente recriadas e atualizadas em palavras, ações, afetos, poesia, aqui vamos nós, aos acontecimentos... Ou melhor, à minha recriação dos acontecimentos.

---

9. L. Pareyson, *Os Problemas da Estética*, p. 34.

ACONTECIMENTO VERMELHO: O DESEJO
(onde tudo começou)

Meu Corpo Memória

> *Sinto que meu corpo está cego*
> *e surdo para si mesmo.*
>
> OLIVER SACKS[1]

Convido-me para dançar, escolho uma música especial, um lugar na sala, respiro pausadamente e...

---

1. Christina, *O Homem Que Confundiu Sua Mulher Com um Chapéu*, p. 67.

PUMBA!

Sem receber convite, chega um peso, um olhar gigante de fora, que grita: "você está vazia, nem sabe para onde ir!".

Chacoalho a cabeça e me movo tentando encontrar meus velhos parceiros. O corpo gritava tanto, cadê ele?

Agora desconexo, com medo.

Assim me sinto e dia a dia parto à minha procura.

Não sei dançar. Se um dia o soube, desaprendi. Sei mover os braços, arredondar o quadril, fazer círculos e sonhar. Sonhar e escapar para o aconchego de mim mesma. Agora, dançar, mover o espaço, isso não sei.

Entro na sala como se fosse o primeiro dia. Só hoje, só o agora. E o que surge, a voz que fala, vem de anos. Grudada em mim. Agora tenho raiva dela, dessa voz monótona e repetitiva. Sonolenta. Provoco-a. Trago convidados esquisitos, mal educados, que não respeitam as regras.

As regras construídas arduamente apontam passo a passo como devo seguir. Entrar na sala assim, aquecer assim, música assim, assim, assim, assim.

Preciso delas, do norte e agora quero mandá-las à merda.

O primeiro dia. Como o primeiro dia. O primeiro dia após cem anos de primeiro dia. Será isso?

Meu corpo nascido hoje, já velho de si mesmo.

Encontro-me em um lugar onde duvido de mim mesma. Muito fiz para aqui chegar e o que vejo me obriga a não parar. Talvez, hoje percebo, eu nunca encontre paz. Talvez, hoje percebo, esse seja apenas um lugar-passagem onde nem quero me demorar, mas não tenho como evitar ou pular de estação. Aqui pretendo permanecer, menos como intenção e mais como necessidade, por tempo indeterminado, mesmo trazendo grudado na pele esse desconforto.

Quis fugir. Mas como, se eu própria era minha convidada para esse encontro?

E para onde fugir se para onde vou me carrego junto?

O gosto que sinto ao ler as palavras acima tiradas de meu diário de trabalho é bastante ácido e corrosivo, principalmente porque vem acompanhado da sensação física do momento em que foi escrito, logo após um dia de trabalho prático solitário. Ali, comecei a me dar conta do tamanho da angústia física que vinha carregando e da ausência de prazer quando colocava meu corpo em movimento. Essa angústia não me acompanhava nos momentos cotidianos, ao sentar, levantar, andar, me relacionar ou comer. Eu não estava depressiva, a vida corria bem, muito obrigada. O desconforto começava quando eu estava livre, ou pensava estar, na sala vazia, com o espaço todo meu, podendo dançar o que eu quiser, gritar, fluir, água, pedra, árvore. Mas os meus pés permaneciam grudados no chão, pesados.

Importante observar que eu me conduzi a esse espaço, eu me propus ingenuamente à criação de um espetáculo solo. Armei-me de argumentos doutorísticos:

Objeto da Pesquisa:

O projeto pretende a experimentação de um processo criativo cujo ponto de partida será a confluência entre a mimese corpórea, a dança pessoal e a dança butô, na busca de um diálogo entre esses três procedimentos, podendo resultar em um espetáculo teatral ou mostra do processo criativo e seus desdobramentos. A teorização será feita paralelamente à construção prática de criação. O mote criativo partirá do tema: memórias de infância.

Vesti-me de palavras e argumentos, aquecida e protegida. Não é assim? Ter claro os objetivos, mapear o caminho, metodologia, procedimentos etc. etc. Satisfeita de mim mesma... Tão organizada e corajosa!... Parabéns, Cristina, você merece esse momento especial!

Essa memória corpo ou esse corpo memória vivido ao longo dos últimos dezessete anos de trabalho... opa, opa, para tudo, esse corpo sou eu há trinta e oito anos e vem recebendo camadas desde que nasci, miudinha, dormindo espremida entre duas cadeiras, que dinheiro para o berço não tinha, não. Será que quando vou para a cena é só meu corpo trabalhado, expressivo, lapidado que me acompanha? Desde o início da minha formação artística, sempre junto ao Lume, vivenciei processos que desestabilizaram meu corpo na construção de uma corporeidade que extrapolasse os limites cotidianos, associados a um desnudamento, matéria prima da minha criação. A ação do tempo provocou uma estabilidade e os próprios processos desestabilizadores viraram regra, fazendo com que hábitos fossem adquiridos, diminuindo a espontaneidade. Em situação de improviso, recorro aos mesmos códigos, parte de um repertório regular, que antes era minha própria expressão e hoje me parece restrito. Nesse momento, em meio ao furacão, me sinto prisioneira, raivosa. Eu me sentia desencarnada, como Christina no caso narrado por Oliver Sacks. Com a perda do sentido da propriocepção, Christina extingue sua certeza com relação ao próprio corpo, sente o corpo morto como se ele não lhe pertencesse: "sinto que meu corpo está cego e surdo para si mesmo, ele não tem o senso de si mesmo"[2].

É claro, esse é um exemplo extremo, mesmo metaforicamente, para o sentimento que trago hoje, quando danço. Mas em muito se aproxima da sensação de mudez que me apossa quando tenho o espaço livre da sala e sou desafiada para o improviso. Chego a questionar meu corpo. Mas como questioná-lo se ele é uma das únicas certezas que tenho? Ele é, ele existe, nós somos, nós existimos. Daí a escuridão.

Pergunto-me como trabalhar a mudança de hábitos corpóreos sem a negação do repertório adquirido, buscando uma incorporação de novos elementos. A criação de um treinamento para mudança de hábitos leva, consequentemente, a uma nova estabilização, sempre necessária.

Quando comecei a investigar o trabalho de criação do ator e estava voltada para uma pesquisa corporal, eu tinha vinte anos, corpo fresco, jovem, meio mole, desencontrado, tímido, perdido no espaço, cantando "Travessia".

2. Ibidem.

Nesse início, por mais árdua e dolorosa que possa ter sido a intensidade e profundidade do trabalho, tudo era novo e cada pequena conquista brilhava prazerosamente. As conquistas e dificuldades foram se equilibrando, organizando, respirando, acalmando. Então me sentei, olhei a paisagem, compartilhei experiências, passeei pelos caminhos percorridos. Aos poucos fui percebendo que a paisagem se repetia, eu me deparava com o mesmo chão pisado e já gasto pelos meus passos. Tentei caminhos novos, andar de costas, subir na árvore e, quando relaxava, lá estava eu de novo, afundando no mesmo chão.

Agora, após dezessete anos, tudo parece mais difícil. A folha antes fresca, com poucos escritos, já vivenciou palavras e desenhos que deram origem a livros inteiros. Não tem como rasgar ou jogar fora. Não tem por que rasgar ou jogar fora. Mas hoje, a grafia de uma palavra nova é mais custosa: tantas já foram escritas! Se antes brotavam dez palavras novas por dia, hoje surge uma na semana, o que já é motivo de comemoração. Como expandir o vocabulário sem negar as conquistas feitas, mesmo que hoje elas me pareçam prisões?

Busco, assim, na memória viva impressa no meu corpo, a matéria para a construção da minha arte. Considero meu corpo como um espaço condensado, uma experiência viva em fluxo constante de atualização consigo e com o meio poroso, permeável. Ele sou eu e eu sou ele, não como meu receptáculo, por onde pairo ou me aprisiono ou me liberto, não como forças distintas em parceria, mas como unicidade múltipla. Ele é, eu sou, "eu somos" essa pluralidade de experiências impressas na carne, ligados intrinsecamente ao tempo, ao passado acumulado no presente que é meu corpo, que é presente e passado, ou só passado presente, já que o presente é fugaz e se torna passado assim que se imprime. "O passado é contemporâneo do presente que ele foi."[3]

---

3. G. Deleuze, *Bergsonismo*, p. 45.

Onde, então, ancorar minha arte, senão nesse corpo experiência, espaço-tempo de mim mesma, que me pesa, me rasga, me diz?

Ainda não cheguei na carne. Pairo, morna, dando pequenas bicadas, pontinhos de ferida que doem, remoem, e fujo, morna, pairando. Desdizendo-me. Sentindo-me exposta no nada que digo. Na minha nudez de quem vestiu roupas demais e agora não encontra saída, só espelho. Quero comungar com as coisas, com o verbo, com o tempo, ser espaço e objeto. Ser lugar. "Conseguir ficar mudo, mais do que mover-se; não se tornar alguma coisa, mas tornar-se o nada, um espaço vazio pronto a saltar em direção a uma próxima dimensão."[4]

Tadashi Endo: Meu Convidado de Honra

No cotidiano Tadashi apresenta fala mansa, corpo miúdo, gesto contido: o típico oriental que circula em nosso imaginário. Chegou ao Lume por caminhos cruzados, convidando-se ao encontro por indicação de amigos em comum e devido ao cancelamento (sorte nossa) de um compromisso no Brasil. Chegou manso e ganhou morada entre nós.

Em cena, dispensa palavras, agiganta-se em um corpo de tensões múltiplas, criando atmosferas e movendo o espaço. Conduzindo o trabalho em sala, um mestre, e uso essa palavra sem medo do peso a ela associado. Sim, um verdadeiro mestre. Capaz de compartilhar com sabedoria e generosidade sua experiência adquirida ao longo de uma vida dedicada à arte. Entre quatro paredes se transfigura em contador de histórias vividas ou ouvidas, respirando ao lado de Tatsumi Hijikata e Kazuo Ohno, seus mestres. Traz histórias que ilustram seus ensinamentos, assim como sua dança sempre presente na condução. Penso que só serei

4. Tatsumi Hijikata, apud N. Masson-Sékiné, *Butoh: Uma Filosofia da Percepção Para Além da Arte*, disponível em: <http://www.nouritms.fr/traductionfondjap>, p. 7.

capaz de compreender em profundidade seus ensinamentos ao longo de anos de trabalhos futuros.

Já havíamos trabalhado juntos quando da criação do espetáculo *Shi-zen, 7 Cuias*, em 2003, juntamente com os demais atores do Lume. Já naquela época, visualizamos a possibilidade de parceria para a criação de um trabalho solo. Conseguimos nos encontrar para a realização desse desejo em períodos distintos: abril de 2008 e março e julho de 2009, momentos em que fui virada do avesso. Tadashi me despiu e me colocou em frente a um espelho. E a imagem que eu vi não foi nada agradável de se ver. Então convidei-o, sabedora dessa capacidade de revirar, de trazer o avesso da carne para a superfície.

Por Que um Trabalho Solo?

Essa pergunta me foi feita inúmeras vezes, em diferentes ocasiões, pelo Tadashi. Parece que de acordo com a minha resposta sairia a força para a realização desse trabalho. Mas toda vez que eu respondia, ele me parecia insatisfeito. Falei sobre desejos, sobre o aprofundamento em um trabalho pessoal, sobre o tema do doutorado, sobre o que eu esperava do espetáculo. E dali a alguns dias a pergunta era feita novamente. Ao responder, eu fui reduzindo cada vez mais as palavras até essa pergunta ficar ecoando continuamente em mim: por que um trabalho solo?

Não sei se já tenho a resposta. O que percebo é que nenhuma resposta prática dará conta da dimensão dessa pergunta. E que talvez, quando eu a encontrar, ela só tenha sentido para mim e deva ser guardada como todos os achados valiosos, em segredo.

Desde o nosso primeiro encontro para a criação do espetáculo, Tadashi percebeu o ponto limite em que meu trabalho se encontrava. Havíamos nos unido por afinidades mútuas, aliadas à confiança e ao respeito. Há muito tempo eu não trabalhava com um olhar guia externo tão apurado, com experiência suficiente para me conduzir à visualização desses limites e, principalmente, para me propiciar a vivência de caminhos que possibilitassem uma saída. Munidos desse pacto silencioso de confiança, pudemos mergulhar profundamente em temas dolorosos, e todo e qualquer desafio que me foi lançado em nenhum momento veio caracterizado como uma desqualificação do meu trabalho. Ele me arrancava o chão, mas sempre, antes que eu pudesse me arrebentar, me estendia a mão.

A primeira vez que conversamos sobre a parceria para a construção de um espetáculo, propus ao Tadashi trabalharmos com um dos relatos do livro *O Homem Que Confundiu Sua Mulher Com um Chapéu*, de Oliver Sacks, especialmente o capítulo "Christina". Apesar de o tema ser bastante instigante, nunca realmente trabalhamos sobre ele e o texto foi deixado de lado. Hoje vejo que não é por acaso que esse tenha sido o primeiro tema a me animar: um corpo que perdeu o senso de si mesmo e necessita de um olhar que possa ajudá-lo a se reconhecer. Mesmo não tendo sido abordado diretamente, ele pairou durante todos esses meses de criação. Talvez aí esteja o sentido, um possível porquê da criação de um espetáculo solo.

Meu desejo de vivenciar um processo de criação com um parceiro-mestre como Tadashi nasce da possibilidade de troca que esse encontro pode propiciar. Por mais confortável que possa ser estar acompanhada de alguém que me conduz pela mão e aponta o caminho a seguir, quero caminhar com minhas próprias pernas e dividir a decisão sobre qual trilha tomaremos. Não quero ser levada no colo ou ter as pernas tolhidas. Quero ser parte, ou melhor, quero ser inteira.

Já desejei um mestre guru. Já desejei seguir de olhos fechados. Já desejei o calor do aconchego seja verde ou vermelho. Já me apaixonei assim. Mas isso era um outro tempo. Um outro espaço. E já passou.

Nesse encontro-namoro com o trabalho desenvolvido pelo Tadashi, a pergunta é: como ser inteira na parte que me cabe?

O que esperamos um do outro?

Em nossas conversas, Tadashi desenvolve o fio: *o que eu espero de você e o que você espera de mim, essa é a colaboração. Eu sinto que o trabalho solo é algo como o verdadeiro trabalho pessoal. Eu posso imaginar com você o que eu posso dar de mim mesmo para colocar no seu trabalho. Quando construímos* Sopro[5], *eu pude me imaginar dançando-o também. É como se eu o tivesse construído para mim também. Se eu o fizesse, seguramente ocorreriam tensões diferentes das do Simioni. Eu estava feliz de ver o Simi dançando essa peça, mas essa é minha peça. Minha peça, não significa "minha", mas sim que eu gostaria de dançá-la, eu mesmo, também. Quero fazer com você algo novo, mudar alguma coisa. Eu não sei o caminho, eu não sei o que fazer, mas essa será nossa troca.*

E o que eu espero do Tadashi? Continuo o fio. Espero um parceiro na construção de uma dança que me seja própria. Uma experiência que me possibilite vivenciar a entrega: "me guie, porque confio", e a ação necessária para que o ato da entrega seja ativo. Falo sobre o que é recorrente e repetitivo no meu trabalho e como vejo esse encontro como uma possibilidade de mudança. Não espero que Tadashi me dê a resposta, mas que a descubramos juntos.

Sabedorias. Tadashi fala, acariciando o meu cansaço: *Existem dois pontos: quando desejamos mudar, não fazer sempre a mesma coisa, temos que ter a clareza, ao mesmo tempo, de que não podemos mudar muito. Esse é seu estilo: você necessita ter orgulho; ninguém pode fazer como você. É importante dar um passo atrás, descobrir de onde vem o seu estilo, de um trabalho de grupo ou do katakali ou do balé clássico, não importa. O importante é saber de onde vem esse*

---

5. Espetáculo solo de Carlos Simioni dirigido por Tadashi Endo em 2007. As falas de Tadashi estão realçadas em itálico ao longo do livro.

estilo único e ter orgulho dele. Mas para ir além, ao escolher uma outra pessoa para trabalhar, da qual você recebe informações diferentes em seu corpo, é necessário colocar para fora algumas informações, pegar outras, eliminar outras e assim por diante, estabelecendo uma conversação, uma comunicação. Isso é o que podemos entender para algo mudar.

Essas palavras me ajudam na não negação, na compreensão de um trabalho pessoal, na visualização de um caminho percorrido, livrando-me da tentação de decepar a parte que me incomoda, e me dão coragem para adentrar no lado escuro, sem medo de sair chamuscada, porque seguramente algo vai queimar, algo vai se transformar.

NOSSOS ENCONTROS

Tínhamos um tempo cronológico preciso. O primeiro encontro deveria acontecer durante dez dias, em quatro horas diárias (as outras quatro horas de trabalhos práticos eram realizadas em conjunto com os demais atores do Lume, sobre uma temática distinta). O segundo encontro teria uma duração de trinta dias contados a partir do dia do meu aniversário (pura "coincidência", revirar memórias de infância no dia do aniversário), desde o amanhecer até o anoitecer. Em ambos os encontros, mas mais efetivamente no segundo, uma brecha foi aberta em nossas vidas cotidianas e compromissos (famílias, afazeres) foram deixados de lado.

– Manuela, mamãe já volta! – Sorriso triste de "também quero você grudado na pele", a mão no volante...

Não estávamos juntos para unicamente montarmos um espetáculo; nos propusemos a compartilhar uma experiência e a vivenciar os limites por ela provocados. Sabíamos que o espetáculo seria o acontecimento fruto dessa vivência, ela sim vital e motivo principal do nosso encontro. A necessidade nos presenteou ainda com um terceiro encontro de dez dias para a finalização de alguns detalhes essenciais para o espetáculo.

Cinquenta dias ao todo, se contados somente os dias de trabalho conjunto. Um ano e cinco meses, do primeiro encontro para a realização desse projeto até o mês de estreia do espetáculo, levando em conta os meses de trabalho solitário (batendo a cabeça na parede, andando em círculos, encontrando e perdendo, fazendo pequenas descobertas, ganhando confiança).

Sete anos, outros espetáculos e uma filha, se contados desde o momento em que o desejo de trabalho conjunto foi enlaçado e a semente começou a germinar.

Muito tempo, pouco tempo, não sei. O tempo possível para que a experiência se realizasse como se realizou. Trago na memória o tempo alargado (corpo dolorido, sono revirado, falta de sono, muito sono, jejum):

– Toda terça-feira vamos comer só frutas.

O buraco no estômago comprimido, a tensão vazando no mole das pernas, olho nublado, visão clara, de cores fortes. Múltiplo, por vezes interrompido, a vida à espera, frustração e alívio.

Os dias contados, ao invés de frustração, nos trouxeram intensidade, condensando energias, obrigando-nos a desenvolver um foco preciso dentro da multiplicidade de fazeres que havíamos nos proposto. A pressão exercida pelo tempo cronológico acabou mostrando-se positiva, apesar de, obviamente, termos a sensação ao final do processo de que o tempo foi curto e não o suficiente para chegarmos onde queríamos.

Mas será que em algum momento alcançamos essa sensação de plenitude pela chegada? Ou a cada fita cortada, automaticamente quilômetros não percorridos se descortinam à nossa frente, impulsionando nossos desejos sempre à frente, um pouquinho mais, só mais um pouquinho! Esse mover constante é o que nos faz pulsar e querer viver novamente tanta dor revirada, que de tão aguda confunde-se com prazer. E ao final do processo, mesmo sem final permanente, carregamos a dor abaixo da pele e respiramos sorridentes, sentimos um gosto bom de conquista, exalamos orgulhosamente vitórias e cicatrizes.

Quando Manuela (minha pequena) nasceu depois de um parto difícil e uma gravidez maravilhosa, pensei: "quero gestar, mas nunca mais quero parir". Nem compartilhei esse sentir, podia parecer blasfêmia, menina linda, parto natural com sucesso! Mas a dor havia sido tanta que um medo se instalou em mim. Aí, revirando e fuçando nesse sentir, vi que o medo não era da dor, era sim da imensidão vivida, de me sentir leoa e não caber no espaço que eu acreditava ocupar. Essa intensidade assusta porque não tem retorno, deixa marcas e não aceita menos. Cobra seu preço e quer mais. Hoje quero parir novamente. E por mais lugar-comum que seja a associação de um processo de criação a um parto, digo que pari novamente. Uma longa gestação, revisitando desejos e memórias de infância e com um parto intenso, com direito a muito suor e lágrimas, e doeu? Ah, já me esqueci!

ACONTECIMENTO AMARELO:
O PRIMEIRO ENCONTRO[1]

Desconstruindo Para Construir

O primeiro dia
(11 de abril de 2008)
O que o vidro come?
  E o vidro pode comer? Sim, o que come o vidro?
  Assim começamos. Perguntando ao cabelo por que ele
cresce tão devagar. O que a porta gosta de vestir. O que
pensa a árvore sobre o vento. Dando vida aos materiais,
fomos dando vida às palavras, construindo um poema

---

1. O primeiro encontro com Tadashi Endo para o desenvolvimento
dessa pesquisa foi realizado em abril de 2008. Durante dez dias compartilhei essa experiência com os atores Carlos Simioni (membro do Lume),
Eduardo Okamoto e Érika Cunha, responsáveis pela documentação de
todo o processo.

abstrato, e a partir dele o corpo passou a mover-se concretamente, criando um poema físico e visual:

Cabelo	Porta	Árvore
sem pressa	eu me abro	seiva
a vida toda	coloco minha roupa	coloco minha roupa
o cabelo	me pareço um homem	em um casco duro
cresce		suave silêncio
lentamente		da cor do anil

Próximo passo. Colocar uma música no poema. Cantando o poema, através da musicalidade das palavras, quais instrumentos surgem? Cada instrumento tem um caráter, uma qualidade. Quando canto as palavras com meu corpo, como é o peso dele? Se parece com qual som?

Experimento saxofone. Isso é mesmo um saxofone? Tento um violino. A qualidade do violino é outra, isso não é um violino. Confusão. Novas tentativas.

Dentro, você consegue sentir algo? É algo como um saxofone? Feche os olhos e sinta seu corpo como um instrumento. Uma imagem, uma pintura, um sonho, uma sensação. Cante. Imaginação visual. Eu faço dentro um filme, uma pintura e projeto essa imagem para fora com o meu canto e quem sabe o outro possa ver o que estou vendo, sentir.

Tentativa seguinte. Tadashi pede que, de olhos fechados, eu cante minha imagem poética e que o Simioni dance a imagem que meu canto sugeriu. E suas ações me levaram a ver imagens diferentes das que eu havia projetado. Tive que explicar minha imagem com palavras e ações. Fiz várias tentativas até conseguir conciliar o que eu dizia, a imagem que eu construía verbalmente, com a imagem corpórea que meu corpo projetava.

Gotas. Chuva. Gotas de chuva. A pequena explosão na terra, criando sulcos. Primeiro tentei "mostrar" a gota. Fracasso. Na terceira tentativa, "fui" a gota. Corpo suave, gotas de água.

Na primeira tentativa, eu quis "explicar" a imagem, o que a aproximou da pantomima. Quando digo que "fui" a gota, não significa obviamente que me fiz água, mas sim que a qualidade de forças exprimidas aproximava o exprimido da expressão. Sem necessidade de explicação. Aqui a imagem mental água se transformou na imagem gesto água, ampliando sua percepção sensorial.

Através desses exercícios, Tadashi tentava decifrar meu corpo. Através da construção de palavras dançadas, de poemas abstratos transformados em ação, tentávamos encontrar uma via de comunicação não verbal.

Danço o poema cantado por Simioni e Érika. Em cada um deles, através da sonorização criada por eles, tento transformar a imagem cantada em ação no espaço. Cada um dos poemas acaba por gerar uma sequência de ações com qualidades distintas, sugeridas pela sonoridade das palavras.

Percebemos que na improvisação livre eu não dominava o espaço, permanecia quase o tempo todo em um pequeno pedaço da sala.

Agora, danço o poema do Eduardo, cantado por ele:

Cachorro

Sempre
todo dia
correr
nunca esquecer
correr

Guiada pelo ritmo empregado pelo Eduardo em sua sonorização, associado ao próprio impulso que o verbo correr me sugeria, o espaço utilizado por meu corpo se ampliou. Mesmo assim, Tadashi continuou insatisfeito, interrompendo minha dança. *Pare! Qual é sua imagem? Você pode imaginar um lugar, uma estação? Sim, uma rua grande. Onde? Em Tóquio, Rio de Janeiro, São Paulo?* Posso imaginar a Avenida Paulista, à noite. *Então, tente se mover realmente na Paulista, à noite.*

Tento novamente. Duda canta, eu tateio.

Pare! Como você pode fazer a noite? O que é diferente do dia? Na Paulista, cidade grande, muitos carros, barulho. Mas à noite, o que muda?

Explico verbalmente minha imagem. Sou questionada. *Por que as suas ações transparecem medo? Você tem medo da noite? À noite, você está livre, tem todo o espaço para você.* Não, não estou com medo. *Então, tente novamente. Pare! Para mim você continua com medo, seus olhos arregalados, seu corpo crispado. Tente novamente.*

E novamente. E novamente. E novamente a imagem que eu explicava não era a imagem que meu corpo projetava. Imagem e ação ocupando territórios distintos. As palavras, ao explicar a imagem, construíam no outro sua própria imagem, mas meu corpo estéril era um corpo cabeça, não um corpo sensação, e, como estava crispado nas suas limitações, *não dançava*, não construía o espaço.

Sua imaginação está só no rosto. Sempre a mesma qualidade, que nada diz. E Tadashi se faz corpo e palavras. *Mais importante que seu rosto, são os detalhes: o olhar, espremido, fechado, arregalado; o giro, completo, pela metade, rápido, lento; os passos, hesitantes, largos, pequenos, precisos; as mãos, relaxadas, tensas, com medo, crispadas, suaves.*

Tento de novo. Avenida Paulista, à noite, sem medo.

AGONIA. Ando sem sentido pelo espaço. Refazemos o exercício. Eu corro novamente. Corpo confuso. Corro pela sala, busco, grito, perdida, mudo de direção. Eduardo sonoriza seu poema, escrito acima. Corro de uma parede para outra, me debato.

Pare! Continuo não entendendo. O que está acontecendo? O que você tentou fazer?

Explico que procurei não pensar, que me sinto prisioneira de uma ideia e não consigo sair dela.

Sim, você tentou mudar. Mas o que é esse correr? Tigre? Como você corre? Só correr assim, não é nada, é aborrecido. Corra!

Pare! Você mudou de posição. Mas corre por quê? Vem de onde? Está atrasada? Qual o motivo de sua corrida?

Ok, corra!

Tento de novo. Eduardo sonoriza.

Hesito. Olho para a parede e, tentando não pensar, fico quase imobilizada; só depois eu corro. Essa indecisão, micro tensões resultantes da agitação interna em que eu me encontrava, acaba por extravasar, tornando-se corpo – o que dá origem a uma qualidade muito mais intensa do que eu vinha fazendo até agora. Agora me mostro capaz de mover o espaço.

Tadashi me interrompe. *Agora se tornou mais clara a pintura desse quadro. Acabo de chegar a São Paulo, farol verde, vejo você do outro lado; há tempos não nos vemos. Você não me vê, olha as vitrines. Eu quero atravessar a rua; excitação no corpo; os carros continuam passando. Sinal vermelho, "agora posso passar", corro, mas você já não está, é tarde demais.*

Você deseja correr, se prepara antes de começar, se move dentro e aí corre. Essa pintura, essa imagem é mais clara.

Quando tento descrever minha imagem, o que descrevo é somente minha incapacidade de correr, de encontrar uma imagem. Quando hesitei, era real: eu, Cris, atriz, realmente não sabia o que fazer.

Tente colocar essa imagem, esse filme na sua cabeça, como uma projeção. Daí, realmente corra para o outro lado. Então, o que significa isto, o que você faz? Ao colocar sua pintura no corpo, você a oferece para o público, para, quem sabe, tornar algo claro e tocar quem assiste.

Refaço toda a trajetória dançando as ações já trabalhadas das sequências anteriores, com a sonorização de cada um dos poemas. Cabelo, porta, árvore, cachorro. E continuo dançando, agora com uma música gravada ao fundo, estimulada pela voz do Tadashi. *Coloque sua imaginação, todas as imagens, todos os temas e improvise. Dance livremente, tentando variar espaço e tempo.*

A voz imagem do Tadashi entra comigo para dançar. As palavras em inglês se misturam com a música gravada, criando novas texturas. Meu corpo quase sentado no canto da sala, a avó conversando com o CABELO, sem pressa, toda a vida, pergunta ao cabelo e ele responde. Toda a vida, sem pressa: *Comece a andar e pergunte à* PORTA. Eu abro a mim mesma, coloco minha roupa. Entro na floresta, seiva, ÁRVORE.

Danço livre e um fluxo contínuo começa a surgir: as palavras, sonoridades, imagens, fundem-se umas às outras e meu corpo sem peso, velho, árvore, porta, cabelo. Não penso mais no acerto, na música, no espaço. Só me deixo ser esse não saber.

Você deve ser muito naïf para falar com as coisas. Árvore: o que você sente? Cachorro: por que você corre? Você tem que ser mais intensa, falar com as coisas quase como as pessoas ingênuas fazem.

Tento novamente, seguindo uma estrutura:
- a sequência fixa de ações dos poemas, com a sonorização;
- improvisação com os elementos da sequência, com a música gravada;
- revisito imagens livremente, com a música gravada, em paralelo à sonorização dos poemas.

Aos poucos, o incômodo inicial, provocado pela proposta do exercício prático foi cedendo lugar a percepções mais profundas. O que me parecia, no princípio, um exercício primário que eu estupidamente não conseguia realizar – correr na avenida Paulista à noite – foi se descamando, a ponto de a imagem implodir a própria imagem e seu suposto significado para dar origem a qualidades corpóreas que vão além do que minha imaginação seria capaz de projetar. A imagem primeira servindo como porta de entrada para uma sequência de micro imagens corpo, desembocando em um fluxo contínuo de percepções. E percebo que o que me parecia simplista à primeira vista, ganhou uma multiplicidade que ainda não consigo atingir na minha dança.

Árvore é a pele. Árvore é o sangue. Árvore são os dedos. Pergunte à árvore, fale com ela.

Percebo que, ao improvisar livremente, mesclo as células de ações construídas alterando sua ordem, mas com dificuldade fragmento diferentes segmentos do corpo. Circulo mais facilmente entre as qualidades energéticas e os níveis de tensão num âmbito macro que abrange o corpo como um todo; raramente dissocio os segmentos, mas vou mesclando as tensões.

Suas pernas são as árvores. O quadril é o cachorro. Uma história diferente para cada uma das mãos, das pernas, do quadril. Todas as partes são independentes. Sua mão não é sua mão. Seu pé não é seu pé. Seu ombro é da sua mãe. Seus dedos são peixes. Mais memória dentro, muito pequeno fora. Movimento minimalista.

Como trabalhar a imagem em toda sua multiplicidade? Ser a avó, a mãe, a chuva, o quarto escuro, separada ou simultaneamente? A árvore fora, a floresta à volta, com seus cheiros, sons, umidades; a árvore dentro, seiva, sangue, fluxo; eu devir-árvore, habitando. Como traduzir as diferentes camadas que uma ou mais imagens possuem simultaneamente?

Logo nesse primeiro dia percebi que algo deveria mudar na minha percepção do trabalho, começando pelo ponto mais básico: domar minha ânsia por aprender. Tadashi já havia claramente lançado o alerta: *não tente aprender a dançar. Dançar não se aprende treinando. Tente encontrar o prazer de dançar. Isso você pode aprender.*

Como os velhos mestres orientais ele tentava me alertar para o perigo de o desejo ocupar todo o espaço e barrar percepções. A pressão do desejo de aprender vinculado ao desejo de acertar aprisiona o fazer a uma necessidade de alcançar uma finalidade, fazendo com que toda ação seja preenchida com uma meta "para" atingir algo, polarizando e cegando. O desejo de obter desfavorece a obtenção.

Ensinamento valioso, mas nada fácil de conquistar. Bola de neve. Passei a desejar o não desejo de desejar, me sentindo maluca. Minha sorte é que as saídas sempre estão no fazer e não na nossa elaboração sobre elas.

Iniciarmos o dia perguntando "o que o vidro come?" já era uma possibilidade de escape do pensamento lógico racional. Essa simples pergunta já me obrigava a adentrar em um outro estado, a buscar a resposta em um recanto pouco usado, partindo não da construção de um pensamento, mas sim da sua desconstrução. Aqui a lógica não me servia. Era necessário relativizar todo e qualquer conceito para depois transformá-lo em som e movimento, também esses capazes de criar uma atmosfera particular e não somente a transposição literal para o corpo. Era clara a mensagem: não tente se apoiar no conhecido, outros olhares precisam ser encontrados e não será nada confortável.

Palavras como imagem, imaginação, espaço, tempo e atmosfera tornaram-se recorrentes no decorrer dos dias.

Adentrando no "Entre"

(12 de abril de 2008)

O exercício. Tadashi me pede para pintar um quadro mentalmente, construir as imagens que o compõem e descrevê-las parte por parte. Tadashi, Simioni, Érika e Eduardo – para cada um devo construir uma imagem que dará origem ao todo.

Tadashi: chuva fina com vento forte, chão de terra, a poeira subindo quando a gota cai.

Érika: bicicleta encostada na macieira, maçãs caídas no chão. Bicicleta velha, rodas sujas de barro.

Eduardo: menino, cabelos compridos. Está na casa de um amigo quando a chuva começa a cair. Sai da casa, gosta da chuva fina que cai dos pés na lama, mas sabe da braveza da mãe se ele chegar em casa molhado. Pega a bicicleta e sai pedalando rápido.

Simioni: cachorro vira-lata, pequenininho, latido ardido. Parado, observa a chuva da varanda da casa. Vê o menino correndo e sai correndo atrás, feliz com a chuva.

Cada um deles faz uma "figura", uma imagem estática que representa a totalidade da imagem descrita.

Eu faço o que você me descreveu, mas é a minha imagem do que você me descreveu, pontua Tadashi.

Cada um deles me explica a sua figura. Depois, como a pintura é minha, faço como imaginei cada um dos elementos da imagem. Tadashi pede que eu explique novamente

CHUVA. Fazemos ambos, lado a lado, diferentes figuras para chuva. Percebemos diferentes estilos e isso se mostra o mais interessante. Experimentar o caráter, a qualidade do movimento do outro, provar algo diferente e ver o que se passa.

Tento colocar no corpo a "chuva Tadashi", ele me olha e corrige: *Como você se sente? Muito diferente?*

Sua chuva é forte; a minha era fina.

Você não a sente fina? Tente afiná-la. Não, agora ela ficou suave. Tente mantê-la forte, mas fina.

Altero a tensão e passo a sentir a chuva fina.

Tadashi quer mais: *E as gotas que caem? E a poeira que sobe? E o vento forte?*

Tadashi faz alguns saltos na sua figura, linhas retas em diagonal, pontas dos pés, saltos com a perna estirada. Saltos para o alto, no lugar. Seco, reto, sem oscilação da coluna. Desenvolve a qualidade chuva pelo espaço, pegando o princípio base dessa qualidade, compondo com diferentes ritmos, direções e intensidades. Eu o acompanho em ação e é estranho ao meu corpo.

Se você faz o seu estilo, pode ser mais fácil, você se reconhece nele. Se você experimenta um outro estilo, pode parecer estranho, desconfortável e talvez por isso interessante.

Fazemos o mesmo procedimento com todas as imagens sugeridas, com meu corpo vivenciando cada uma das qualidades. Depois ele me pergunta se a imagem construída por Simioni, Eduardo e Érika cabe dentro da minha pintura, do quadro pintado por mim. Respondo que sim. E é como se a imagem criada originasse uma coreografia que quando executada por outros sugeriria outros elementos, às vezes mais interessantes que os primeiros, e que iriam sendo incorporados, transformando a imagem inicial, ou, em outras vezes, o que é dançado não se comunicaria em absoluto com a imagem desejada e teria que ser refeito várias vezes.

Tadashi pede que eu improvise livremente a minha pintura. Começo com a chuva e percebo uma diferença radical de qualidade para com a matriz proposta por ele. É claro que nossos corpos são diferentes, mas os princípios se perderam e a qualidade que acabo por realizar é morna, sem nuances. Não só a qualidade energética, mas a forma externa também desbotada, sem definição. Movimentos tímidos. O que me fascinou ao ver a chuva-Tadashi era a simplicidade com a intensidade presente em seus gestos. Ele realmente dança dentro de uma qualidade energética, linhas retas, tônus, os saltos respeitando esses princípios e mesmo assim, a dança flui intensamente. A imagem não o aprisiona, mas o impulsiona para diferentes camadas e níveis de energia.

Após eu ter feito a dança, comentários do Tadashi: *Os elementos são legais. Nós sabemos o que você fez porque conhecemos a história, você já nos explicou antes. Mas supondo que eu não soubesse, fico curioso e me pergunto: o que você fez? O mais importante não é entender o que você faz: não buscamos a pantomima. Você escolheu nos mostrar essa pintura com todos esses elementos. Que título pode ter essa pintura? Performance da Cris? Dia de Chuva? Eu não sei. Esse é o trabalho que você quis dizer. Tente dançar novamente sem explicar cada um dos elementos: isso é chuva, cachorro, bicicleta. Isso não é importante. Use esses elementos para criar acentos, movimentos. Mover livremente é muito solto, abstrato, mas se, às vezes, você move chuva, cria acentos e ações sugeridas pela imagem e passo a passo vai construindo sua chuva, sua bicicleta. Só você sabe o que está fazendo, nós não precisamos saber e a soma de tudo é o que você quis dizer para nós.*

Com o título, traço o que quero dizer. Por exemplo: Dia de Chuva. E as demais imagens são traços que compõem o que quero dizer.

Comece sua dança do mesmo lugar (chuva) e aos poucos vá transformando, tornando mais e mais abstrato, mas nunca se esqueça desses acentos, dos elementos dessa pintura.

Base Tônus Acentos Intensidades Figuras Verticalizar Explorar Pausas Linhas Olhos

Cuidado com os olhos. Não explique demasiado com eles. Às vezes, olhe para uma zona neutra, ao mover os olhos.

Não fique todo o tempo ocupada. Às vezes, congele em uma posição.

Percebo que proponho uma qualidade, mas não vou até o limite. Estou sempre ocupada fazendo algo, escapando pelas bordas. Medrosa. Se quero parar, tenho que confiar. E quando não confio me esvazio e tagarelo sem nexo. Mergulhar na qualidade. Ampliar esse repertório. Dissociar mais o corpo. Foco: base, pés, pernas.

Enquanto eu dançava, a voz do Tadashi me trazia imagens daquele dia mescladas às do dia anterior: cabelo, porta, floresta, entre as árvores, cachorro, cachorro na chuva, menino, chuva que passa, raios de sol, sol entre as árvores. E aos poucos fui conduzida a uma condensação das imagens que resultou em um minimalismo das ações. Durante a dança uma cadeira é colocada: *sente-se; beba suco de laranja e em segundos deixe surgir todas as imagens que você já fez antes – cachorro, chuva, bicicleta. Dentro do suco veja todas as imagens. Não posso dançar porque estou velha, mas dentro de mim danço todas as memórias.*

Dessa maneira mergulho no simbolismo das significações. Nada precisa ser explicado. Nada pode ser explicado. Imagens vivas, potências que podem ser despertadas. A imagem sonho memória que vai coincidir com o corpo.

Assim comprimidas, as imagens explodem em minha musculatura. A memória viva da ação realizada torna-se memória presente, fundindo-se umas às outras e ampliando a potência da ação. Meu foco se afina e qualquer deslize pode colocar tudo a perder, fazendo desmoronar o território de forças construído. No copo de suco de laranja, um mundo se projeta. E o espaço se faz corpo.

Adentramos na zona "entre".

Dançando dessa maneira, tudo é possível. Você escolhe alguns elementos e os combina entre si. Tudo é possível e nada é impossível. Mas o corpo é sempre concreto, visual. Realizamos movimentos abstratos, mas não podemos *ser* abstratos. O mais importante é a zona "entre", que reside entre a abstração do movimento e o concreto do corpo.

Através de poemas abstratos ou de uma pintura concreta, criamos movimentos e a eles imprimimos sentidos singulares. Determinada ação, para mim, pode significar chuva, ou cachorro, ou cadeira. Todos podem encontrar significado, mas nem todos podem entendê-lo. O que difere da dança tradicional japonesa ou indiana, onde cada movimento codificado possui um significado específico compreendido por todos, independente do dançarino que o executa. Buscamos uma outra maneira: uma linguagem corporal singular, onde só o dançarino conhece e entende as imagens que executa, mas com sua língua corporal cria uma pintura concreta capaz de afetar quem a recebe.

Apontamentos do dia:
PAUSA. Não fique "ocupada", movendo-se todo o tempo. Isso é também como explicar alguma coisa. Às vezes, uma pausa é melhor: faz com que aquele que assiste também possa criar algo, sentir mais. Movimentos interessantes são apenas movimentos interessantes, mas a dança às vezes pede pausa. O corpo para e o espaço continua a dançar e o corpo daquele que observa se agita em sua dança íntima.

OLHAR. Não olhe sempre seu movimento, pois assim todo movimento ocupa um pequeno espaço. Olhe mais horizontal, como um cego. Às vezes, dirija o seu olhar em uma direção contrária ao movimento realizado. Olhe para a amplidão. Olhar focado no pequeno, na mão, por exemplo, é como a pantomima. Eu bebo suco, eu pego o copo, esse é meu espaço. Ou eu bebo e os olhos se apoiam no horizonte, em outra direção, ampliando a ação. A ação é a mesma, beber, mas o olhar (direção e qualidade) ampliou o espaço criado.

Memória Vivida

(13 de abril de 2008)
Conversa no café da manhã

Em meio ao suco de laranja, papaia e pão com manteiga, Tadashi nos fala de uma experiência vivida quando criança, um quase afogamento. Em um passeio no mar com o pai e o tio, o bote inflável em que estavam virou e Tadashi ficou preso embaixo, respirando no espaço entre a superfície da água e o fundo do bote, boiando com a ajuda de um salva-vidas. Seu pai, quando tentava puxá-lo para baixo, não conseguia devido à pressão do vácuo. Até que finalmente alguém teve a ideia de esvaziar o bote para, assim, conseguirem salvá-lo.

Ele diz não se lembrar do acontecimento. Só sabe dos detalhes contados pelos familiares, mas ainda guarda uma única imagem intensa: acordar deitado na areia da praia com várias pessoas à volta, olhando-o intensamente. E a sensação que ele guarda é a de que todos queriam comê-lo: *Essa é a imagem que ficou para mim. Eu tinha cinco anos e ainda hoje ela é muito forte. Quando eu tinha quinze anos eu podia lembrar mais claramente os detalhes.*"

Agora os detalhes se perderam, foram deixados de lado e o que permanece vivo e forte é a imagem sensorial do medo de ser comido por aquelas pessoas.

Tadashi faz um paralelo com seu encontro com Kazuo Ohno[2]: *Como Kazuo Ohno, que agora não consegue falar ou ensinar. Mas quando fui visitá-lo, há alguns anos, Yoshito me levou até ele e disse: "Tadashi está aqui", mas não sei se ele entendeu; "da Alemanha", ainda nenhuma reação; "de Göttingen", aí ele me olhou e parecia querer falar "ah!". A memória que ele tem de Göttingen é muito forte. Isso eu sei, porque a primeira vez que ele fez uma turnê pela Europa, sua esposa, seu filho e sua mãe viajaram com ele. Então Göttingen é uma imagem forte para ele. Yoshito preparou alguma coisa para comermos, e Kazuo Ohno comia debilmente, às vezes derrubando a comida, uma senhora ajudando-o a se limpar, sem nenhuma reação, mas com o olhar distante, como se estivesse recordando algo. Depois de um tempo me despeço:*

---

2. Kazuo Ohno, fundador do butô, juntamente com Tatsumi Hijikata. Em sua maneira de ensinar, sempre entremeada com histórias, Tadashi frequentemente traz para a sala de trabalho esses dois mestres.

tenho que ir embora. "Depois eu volto para visitá-lo. Cuide-
-se." Ele olha e aperta minha mão muito forte, realmente
muito forte. Eu não sabia que ele tinha essa força. "Eu preciso
ir" e ele continua apertando, não querendo soltar minha mão
e eu começo a pensar, "pode ser um sinal, ele não pode falar,
mas essa é a sua língua". E Yoshito ali, tentando me ajudar,
e eu digo: "quem sabe você poderia colocar alguma música".
Yoshito entende e acena com a cabeça. Coloca Chopin. E aos
poucos, o aperto de mão vai se suavizando e uma pequena
dança surge no corpo de Kazuo Ohno. Aí eu entendi, porque
falar, ouvir, isso é uma conversação real e dessa conversa ele
não é mais capaz. Mas o que ele ainda pode fazer é dançar.
Assim ele fala muito mais. Essa é sua força real. E assim eu
entendo sua pequena dança, como se ele passeasse por Göt-
tingen e vivesse novamente imagens presentes em sua memó-
ria, pequenas frases sobre suas lembranças de viagem. Logo
ele para, faz uma pausa e volta a comer, e é como se um outro
corpo retornasse. É muito interessante.

Talvez aqui tenha surgido para Tadashi a inspiração
para a condução do exercício do dia anterior: dançar dentro do copo de suco de laranja. O microcosmo refletido na
superfície do copo, memórias ganhando corpo no espaço
íntimo de um copo de suco. O corpo não mais presente em
sua materialidade, mas habitando um território de forças
que o atravessam e o potencializam.

Algum objeto (um cachimbo, como no curta-metragem
de animação *La Maison en petit cubes*, onde um homem mergulha em busca de um cachimbo e encontra uma vida que
ficou para trás), cheiro, som, sabor (as deliciosas *madelei-*
nes de Proust, usadas para descrever o sabor que o remetia à
infância) ou um simples aperto de mão (como no encontro
entre Tadashi e Kazuo Ohno), podem ser os deflagradores,
a porta de entrada para que as memórias aflorem.

Para o ator, em um processo de criação onde a memória vivida é o ponto de partida, talvez o que mais interesse
seja justamente a descoberta desses deflagradores e menos
a retomada da memória em si. O que mais interessa talvez

seja a potência de ação contida nesses gatilhos. O vivido como matéria prima da criação. O próprio processo de investigação e construção como fomentador de experiências, através de exercícios que propiciem vivências, também elas memórias.

Tadashi fala: *Quando você é muito, muito velho, como Kazuo Ohno, eu penso que as suas imagens memórias não mudam todos os dias. Algumas imagens fortes são sempre as mesmas. Quando você é jovem, sempre excitado em viver o dia seguinte, outro dia, outro dia, tem sempre imagens novas chegando. Mas quando você é velho, alguns focos importantes, memórias fortes, permanecem os mesmos.*

Como se ocorresse uma depuração, uma condensação das imagens presentes na memória, só restando o que realmente foi intenso. Não necessariamente alguma emoção forte vivida, mas às vezes imagens banais retornam frequentemente, sem que percebamos seu sentido. Não seriam justamente essas imagens depuradas, com núcleo intenso, as que mais interessam para a criação? Não o fato ocorrido em si, mas o núcleo central de conexão a que ela conduz e desperta?

Isso acontece comigo também e eu não sou tão velho assim. Eu explico alguma coisa porque aconteceu comigo mesmo ou acredito ter vivido essa experiência porque foi contada por minha mãe como tendo acontecido comigo. Eu entendo essa história como minha porque minha mãe contou? Pode ser.

Os fios interligam as imagens que compõem suas memórias intensas. A memória volátil: alguém lhe conta alguma coisa e aquilo se mistura com a sua imagem e você acaba recriando-a com a nova informação. Mas, sensorialmente, acontece essa recriação?

Teorizações:

O corpo negocia a atualização de uma ação presente com a sua própria duração presente. A atualização da duração presente e do próprio presente enquanto ação se dá por entrecruzamentos, relações, ações paradoxais e afetos passivos e ativos coexistentes. Em outras palavras: o mundo é a dinâmica ativa/passiva, atualização/virtualização da própria duração no/do corpo. A relação e diagonalização entre essas memórias são, em última análise, coexistências *virtuais* que habitam nosso presente atual. A memória não é acúmulo de lembranças, mas virtualidades potentes e presentes num corpo-agora. Aquilo que chamamos de lembranças se borra em suas bordas e núcleos e deixam rastros de vibração de supostas lembranças originárias. Não é arquivo a ser acessado porque essas virtualidades não são armazenadas, mas existem em uma duração de intensidades que atualizam e pressionam uma atualização de ação e afeto presente. Portanto, a memória é uma duração que se recria e se atualiza o tempo todo. MEMÓRIA É CRIAÇÃO e também RE-CRIAÇÃO. Uma constante criação e recriação de atuais que são gerados por virtuais em turbilhonamento.

O que podemos chamar de realidade atual do corpo é um furacão de criação de atuais e virtuais. Essa atualização, em si mesma, gera mais e mais virtuais que por sua vez se (re)lançam na própria memória-corpo, pressionando a formação de novos atuais sempre instantâneos, fugidios, instáveis e assim *ad infinitum*. Turbilhonamento atual-virtual em espiral de recriação constante. Se o corpo é memória (e não possui memória) o próprio corpo é um processo de criação e autocriação constante, mesmo em modo cotidiano de estar-no-mundo. O Corpo é uma máquina autopoiética cotidiana.[3]

Se o corpo é memória e não um armazenador de lembranças a serem acessadas de acordo com o nosso desejo, o trabalho do ator é criação e recriação de memórias em tempo integral. A cada nova atualização, novos fluxos são gerados.

Vivenciando Limites

(14 de abril de 2008)
Exercício. *Shiboto* – torcer.
Um balde com água; dentro, um pano de chão.

Sentada no chão, em frente ao balde, devo pegar o pano, mergulhado na água do balde e torcê-lo até não restar

---

3. R. Ferracini, *Café Com Queijo*, p. 31-32.

nenhuma gota. A cada movimento de torção das mãos, pressionar o corpo. E focar, pensar negro, vazio. O movimento é progressivamente mais tenso, até não ouvir mais o som da gota caindo na água. Durante esse processo, devo esvaziar todas as memórias até que só reste uma. Desdobramento. Em pé. Torção. Repeti o mesmo processo em pé, ereta, com a base fixa. Torcendo, torcendo, torcendo, pressionando o corpo, tensionando a musculatura. À medida que o pano era retorcido, a mesma torção em meu corpo era feita, partindo da coluna vertebral. Só meus pés permaneciam fixos no chão e meus braços continuavam a torcer o pano sobre o balde. O pano e meu corpo estavam em relação direta, trocando tensões em uma intensidade crescente.

Ao fazer o exercício, vieram imagens, tensões e sons que me remeteram ao parto natural da minha filha, vivido em 2006, dois anos e meio antes dessa experiência.

Desdobramento. Distensionar, suavizar. *Quando a última gota cair, pegue só com uma das mãos a ponta da toalha. Olhe a toalha, veja a forma que ela ficou após a torção. Essa força não existia antes, só existe agora porque ela está seca. Tente ser como a toalha. Mexa-a com a mão e veja como ela vai se suavizando. Faça o mesmo com o corpo. Mudando a vibração do pano, deixe essa mudança ocorrer no corpo, até ficar completamente suave. Aí deixe a toalha voar, leve, pule, voe, completamente suave.*

Desdobramento. Papel, ferro de passar. *Deixe a toalha cair no chão como se fosse passá-la a ferro, bem lisinha. Ao pressionar o ferro, o corpo vai adquirindo a forma da toalha, como uma folha de papel.*

Fiz os desdobramentos e quando cheguei no "ferro de passar", me estirei no chão com o corpo de lado, colocando o peso na lateral esquerda, braços e pernas estendidos ao lado do pano esticado no chão.

Comentário de Tadashi. *Minha imagem para a parte final (ferro de passar), caso eu fosse fazer, seria diferente. Como eu realmente posso fazer a toalha se transformar em papel? Eu preciso pressionar, fazer um trabalho real com todo o meu corpo, apertar, esticar.* (Enquanto fala, Tadashi vai esticando o pano e seu corpo vai escorrendo até ficar plano, de bruços, estirado sobre). *O que você fez foi mais arte-forma, mais dança... Mas antes você precisa realmente usar o ferro de passar roupa em cada ruga, até ficar liso, e aí, seu corpo tem que ser exatamente igual."*

Desdobramento. Vidro. *Isso é papel ou vidro? Vamos escolher vidro. Agora dance essa qualidade. O sentimento tem que ser transferido para o seu corpo.*

Repetimos o exercício com todos os seus desdobramentos que acabaram sendo organizados em uma sequência interligada:

- andar pelo espaço da sala segurando o balde pela alça e escolher um lugar para parar;
- apoiar o balde no chão e sentar ao lado;
- pegar o pano pela ponta e ficar em pé;
- segurando o pano com a mão direita, deslizar a mão esquerda até a outra ponta, espremendo o pano;
- torcer o pano uma só vez, lentamente, até a última gota (esse movimento pode levar anos), torcendo também o corpo até o limite;
- soltar a mão esquerda e, à medida que o pano afrouxa, relaxar o corpo;
- dançar a qualidade suave, com o pano solto pelo espaço;
- no chão, ferro de passar, alisar até a última dobra, mesma qualidade no corpo;
- vidro: dançar essa qualidade no espaço.

Algumas considerações sobre a ação de torcer:

TORÇÃO. *Cada parte para uma direção. Torção significa duas direções. Só uma direção não é torcer. Tronco para uma direção, pernas para outra. As mãos torcem de dentro para fora, com os dois polegares para cima. Segurar o pano como os tocadores de tambor japonês: a ação sai do umbigo; os cotovelos começam abertos e se encontram no limite do torcer, no centro do corpo.*

Comentários de Tadashi após a improvisação:

Como é possível colocar essa toalha dentro do balde? Ela é muito maior. A única possibilidade seria deixando-a leve e menor, dobrando-a. Se ela fosse dura, como o vidro, ela não entraria. No meu entendimento, o butô tenta colocar a toalha dessa maneira no balde, sem dobrar.

Isso é impossível. Talvez se eu quebrar minhas pernas, encolher meu nariz, entortar minha coluna. Tentamos o tempo todo esse impossível no trabalho e, às vezes, parece loucura. E sempre tentando. Torcer: como é possível? Torcendo mais e mais, é possível mais? E torce mais um pouco: é possível mais? Normalmente, desistimos aqui. Não, temos que tentar, dá para ir mais! Ainda não terminou, torce mais, e mais. Como fica minha respiração? Como se eu tivesse corrido quilômetros. Meu corpo, nesse curto tempo (do torcer) tem uma concentração física intensa, emprega muita tensão na tentativa de extrair verdadeiramente a última gota.

Tente colocar no corpo a mesma tensão presente no pano torcido e depois relaxe, como o pano relaxa quando deixo de torcer. Esse relaxar não é apenas pegar uma forma externa, mas também o alívio, a sensação de leveza ao poder distensionar o corpo.

Histórias. Ah, Tadashi, como eu adoro as suas histórias faladas, dançadas: *Para Hijikata, os materiais e os objetos são a mesma coisa que os seres vivos. Eles têm vida igualmente. Por exemplo: Ele pega algo da cozinha, vamos supor, um martelo de cozinha, e o coloca na grama para tomar sol. Coitado! Precisa de um pouco de calor, sempre me ajuda a cozinhar e fica lá fechado, sempre no escuro. Preciso ajudá--lo a tomar sol e ver a luz do dia.*

Esse pode parecer um pensamento louco, mas ele era assim. Ainda mais louco, ele pegava uma vassoura, a colocava apoiada no muro e, sozinho, a observava. E tentava fazer seu corpo ser como a vassoura, apoiando-se na parede, reta. Fazia diferentes tentativas. Não, ela é melhor que eu: é perfeita. Como posso ser amigo dela? Como posso ser melhor que ela? E se alguém chegasse para pegá-la: cuidado, cuidado, ela escolheu

estar desse jeito, não quebre seu estilo. Ou se alguém a colocasse no chão: Oh, que pena, agora ela está deitada, está morta!
Esse é o estilo de Hijikata. Às vezes, pode parecer estupidez ou loucura, mas desde sua juventude até sua morte, essa era sua filosofia do butô. *Para ele, todas as coisas são próximas a um ser humano: um amigo, um gato ou um cachorro.*

Então, quando ele usa algum material, todo o tempo, como as pessoas loucas, ele tenta realmente colocá-los no corpo, se apossar desse sentimento, dessa qualidade.

Quando se lê o livro de Hijikata, você não entende o que ele quer dizer. Mas se você lê muitas vezes cada sentença, você pode entender: ele era louco, não para ser hospitalizado, mas louco porque era extremamente intenso, muito, muito extremo.

EXTREMO. LIMITE. (Essas palavras tornaram-se recorrentes no decorrer do trabalho). Ir ao extremo não significa só o uso da tensão. Se eu quero ir para determinada direção ou usar outras formas de trabalho, o importante é sempre ir até o limite. Sempre me perguntar: posso ir mais? Posso ir além?

As tensões mudam, a transpiração muda, a respiração muda. Ir ao extremo até algo realmente acontecer, algo mudar. Aí, quão fantástico é o contraste!

Após os comentários, Tadashi pede que eu faça a sequência de ações. Assim que começo, ele logo me interrompe. *Qual é a sua imagem? Tente fazer como Hijikata: coloque vida nos materiais.*

Recomeço e logo sou interrompida novamente. *E aí, alguma imagem?*

Digo: um bebê, um feto.

Morto?

Sim.

E você acredita mesmo que ele está aí? A sua reação é muito suave. Uau, isso é terrível, ter um feto aí!

A sua imaginação não pode ficar aí dentro. Sim, estamos vendo que algo está se passando, mas eu não acredito no que estou vendo. Abra sua imaginação como uma criança. Veja o que ela lhe sugere. Vá além.

Refaço toda a sequência. No final: *Que imagem você teve?*

Digo que no princípio eu só conseguia perseguir o desejo de ter uma imagem e tentar retê-la. E essa busca me fazia não conseguir absorver nenhuma imagem. Por exemplo: imagino uma caverna cheia de peixinhos passando por entre as frestas, mas quando pego a toalha essa imagem desaparece.

Em resposta, Tadashi me diz: *Se você encontra alguma imagem, você tem que acreditar nela. Do contrário, você estará jogando com ela. Em que momento você realmente acreditou?*

Percebo que às vezes é como se eu estivesse manipulando a imagem assim como manipulo ou movo o pano. O momento da torção é o mais forte. Algo me fisga, e me faz querer ir além.

Tadashi diz sentir o mesmo. *Porque nesse momento, você está fazendo algo concreto, físico. Uma força extrema, não tem como interpretar. No outro momento, é a sua criação, sua imaginação, a fantasia que você não encontra e na qual não acredita realmente e tenta fazer algo. Na torção você não tem tempo ou espaço para jogar. Tem que fazer concretamente e nisso nós podemos acreditar.*

MÁSCARA FACIAL. *Sua face está sempre neutra, com a mesma tensão. Quando você pressionar o corpo, deixe vir para a face essa pressão, com o som, talvez. Tudo é o seu corpo.*

IMAGINAÇÃO. *O público gosta de ver o ator jogar* (faz cara de choro olhando para o pano no balde) *e por dentro nem estou chorando. Isso é o jogo fantástico do ator no teatro. Mas* (fica longo tempo pensando e olhando para o balde), *essa água é suja? Você pode beber isso? Se eu tento beber, você acredita?*

Se eu tomo essa água em cena, vão pensar que é uma água preparada, uma água limpa. Mas, se eu a bebo muito claramente (pega com as mãos a água do balde e bebe). *É água limpa* (bebe novamente).

O que acontece se você põe o pé aqui dentro? (Pede que eu me levante e coloque o pé dentro da água do balde).

Isso é brutal. É a água que eu estou bebendo e você põe o pé dentro. É brutal, muito brutal. Todo mundo pode ver e acreditar nisso. E aí, quando você realmente bebe... (com as mãos em concha, bebe calmamente a água).

Você conhece o espetáculo 1899, do Théâtre du Soleil, de Ariane Mnouchkine? Eu assisti há alguns anos e me lembro de uma cena: uma mulher com seu bebê, estão bebendo água quando vem um soldado que agressivamente coloca o pé com a bota suja na água. A água fica toda suja e essa é a única água que a mãe e o bebê têm para beber. A ação é muito brutal, muito agressiva, mais até do que se ele viesse batendo ou gritando.

Esse movimento é tão intenso, tão sensível, porque antes pudemos ver. Eu realmente posso imaginar as pessoas na África bebendo aquela água. Essa é a água que existe e tem que ser tomada, mesmo sendo tão suja. Isso é terrível.

Em Hiroshima, depois da explosão, muitas pessoas caminhavam pelas ruas em direção ao rio. Estavam queimadas, a pele caindo, sangue, cachorros, corpos mortos, todos no rio, a água estava negra e todos bebiam: era a única possibilidade.

Essa situação extrema, como pode ser humana? Como o ser humano pode sobreviver a ela? Normalmente não podemos acreditar que isso seja possível.

Quando nós tentamos imaginar essas situações extremas, é algo físico. Todas essas situações extremas, nós podemos sentir, todo mundo é capaz de acreditar.

É importante criar, no corpo, posições de tensão e depois colocar a imaginação. Mas normalmente nós pegamos primeiro algo imaginário, uma fantasia, uma história, uma pintura e mantemos o corpo confortável. Nisso não há trabalho: é só o corpo intelectual, uma imaginação intelectual.

Ai (passando a mão na barriga, meio enjoado), *eu bebi essa água suja e estou meio mal. Mas quem sabe ela não era tão suja assim?* (O pano no balde era um pano de limpar o chão do Lume).

Experimentando Oposições

(17 de abril de 2008)

Aprofundamos o trabalho com as oposições, separando-as em duas diferentes qualidades de energia: ativo e passivo. O princípio básico é manter a forma externa da ação, alterando a tensão muscular. Para exemplificar, Tadashi utiliza a metáfora do ovo: *dentro é suave, fora é duro. Dentro, a parte amarela e a parte branca transparente movem-se todo o tempo: não são fixas. Fora, a casca é dura. Se você cozinha o ovo na água, fora continua duro e dentro passa a ter uma forma definida, a parte amarela separada da parte branca. O que significa que a casca continua a mesma, só dentro é que mudou. Quando você olha o ovo, ele parece o mesmo, esteja cozido ou não, porque fora está sempre igual. Só quando chacoalhamos é que percebemos a diferença entre um e outro, ou se o jogamos no chão.*

Manutenção da forma externa, modificando o pulsar interno. A forma física visível aloja diferentes níveis de tensões, micropercepções musculares sensoriais, alternam-se temperatura, cor, cheiro, sabor, ampliando ou reduzindo o corpo do espaço, intensificando-o ou suavizando-o.

O exercício consiste num movimento de expansão e contração: esticar o corpo até o limite possível da musculatura e encolhê-lo na mesma proporção, até não sobrar nenhuma passagem de ar entre as partes.

Nomeando-as:

CHIJIMU ↓	KAGAMU ↓
Passivo	Ativo
Descendo	Descendo
NOBIRU ↑	HIROGARU ↑
Ativo	Passivo
Subindo	Subindo
ATARU → ←	ATERU ← →
Passivo	Ativo
Eu golpeada	Eu golpeio
ODORU	ODARASARERU
Ativo	Passivo
Eu danço com a minha energia	Eu dançada

Após a experimentação do movimento de expansão e contração, parte-se para a dança livre, variando velocidades, ritmos, padrões, alternando o foco nas diferentes partes do corpo e utilizando o espaço em toda a sua extensão, dentro das qualidades propostas:

Equilibrar o movimento interno com a atividade externa é uma tarefa delicada. Porém, se realizada habilmente, dará um rumo incomum e interessante a nosso trabalho. Por exemplo, digamos que a ação no palco seja muito violenta e apaixonada. Se internamente o estado for o mesmo, a atuação poderá parecer tensa demais. Neste caso, mantemos a parte interna bem tranquila. Se, ao contrário, estivermos interpretando um sujeito calmo ou entediante, e nosso interior estiver no mesmo estado, correremos um alto risco de que a interpretação seja extremamente insípida. Idealmente, o interno e o externo devem ser contraditórios.[4]

Seja nos ensinamentos de Tadashi Endo, seja nas palavras de Yoshi Oida, o corpo é conduzido a uma experiência que foge do conforto, da estabilidade conhecida, para a vivência de paradoxos que o desestabilizam. Dentro-fora, interno-externo, rápido-lento, tenso-relaxado, vazio-cheio, sombra-luz, vida-morte, infinitamente grande-infinitamente pequeno, dançar e ser dançado. Ser e não fazer. Dançar o espaço e não no espaço, dançar o tempo e não no tempo. Desafios que conduzem à criação de um corpo em contínua agitação interna, micro percepções musculares, impulsos que ora se aquietam ora escapam. A casca e a gema. O corpo levado ao limite para atingir toda a extensão da massa vibratória e da memória da carne.

Pôr as orelhas perto dos joelhos para melhor ouvir; sentir que nosso punho é o de outro; ver sem ver com os olhos, mas com um corpo feito de mil olhos, ou somente dançar com os olhos, ou só com a língua, pois cada parcela do corpo contém o corpo todo, e nenhuma parte habitualmente favorecida, notadamente os olhos ou a boca, é diferente uma da outra, de um artelho ou do seu sexo. Ser

4. Y. Oida; L. Marshall, *O Ator Invisível*, p. 57.

uma flor que bebe um raio de sol – o humano não é mais importante que um vegetal, pois ele é habitado de todos os seres e de tudo o que eles produzem, do ser vivo e de todas as suas dimensões, de fantasmas e espíritos, da memória individual, coletiva e ancestral. Um mundo sem diferenciação, sem dualidade, sem julgamento, estar no mundo da percepção (e não da lógica), como um bebê.[5]

Esses princípios conduzem também a uma percepção do tempo não linear, a uma memória ancestral, a uma vida passada que pode ser acessada em segundos, seja ela coletiva ou individual, das coisas, seres ou pessoas. Todos comungando numa mesma dimensão. O passado é contraído no fluxo contínuo do presente. Subliminarmente, a noção de tempo oriental é compreendida como parte integrante de cada ação. Tadashi fala sobre o *Jo Ha Kyu*: todos os seres vivos possuem esse ritmo na vida cotidiana, do amanhecer até o anoitecer. Esse é o ritmo da vida. Quando dançarmos, devemos ter sempre a sensação do *Jo Ha Kyu*. *Jo* significa, literalmente, início, abertura; *Ha*, desenvolvimento; *Kyu*, rápido ou clímax.

Esse ritmo *Jo Ha Kyu* é bastante diferente da ideia ocidental de "início, meio e fim", uma vez que estas últimas tendem a produzir uma série de etapas ao invés de uma suave aceleração. Além disso, o conceito de "início, meio e fim", geralmente só se refere à estrutura dramática global (do jogo), enquanto *Jo Ha Kyu* é utilizado para apoiar cada momento da execução, bem como a sua estrutura.[6]

Significa dizer que cada microação possui o seu tempo de nascimento, vida e morte. E esse ciclo se amplia para a macroação, para a relação com os outros corpos, com o espaço, com a estrutura dramática geral, com a plateia. Anéis temporais que se interligam, se ampliam, se potencializam.

5. Tatsumi Hijikata, apud N. Masson-Sékiné, op. cit., p. 8.
6. Y. Oida; L. Marshall, op. cit., p. 59.

Notas sobre:
KAGAMU (descendo) – *NOBIRU* (subindo): ATIVO
CHIJIMU (descendo) – *HIROARU* (subindo): PASSIVO

KAGAMU
Linhas de força

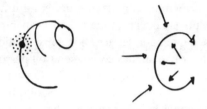

Metáfora: Eu me faço pequena com a força do meu desejo. Abraço o universo e o comprimo para dentro do meu umbigo, e uso toda minha energia para condensá-lo.

Importante: manter o controle da energia condensada no centro do corpo, principalmente para as posições em que o corpo fica abaixado. Sem essa força central, o corpo desaba ao descer ou subir.

Coluna: a força para encolher vem de fora para dentro, em constante oposição com a força do universo que empurra para fora. O desenho da coluna é um arco voltado para o centro.

CHIJIMU
Linhas de força

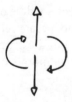

Metáfora: perder espaço e energia a partir do interior. O corpo como um balão murchando, todo o ar saindo pelo umbigo. Meu desejo é ficar na expansão, mas meu corpo murcha e se encolhe, em oposição ao meu desejo.

Coluna: mantém a oposição, descendo reta até o final.

Quero manter o fio que me liga ao alto, me opondo a essa força que vem do centro do corpo e do chão, que me puxam para baixo.

NOBIRU
Linhas de força

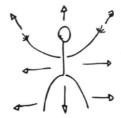

Metáfora: eu quero ser grande. Cresço com a força do meu desejo. Esticar, ampliar de dentro para fora.

Coluna: expande, desenrolando. É pelo topo da cabeça e queixo que cresço, reforçando o desejo do eu.

Novamente é do centro de força que parte a expansão.

HIROGARU
Linhas de força

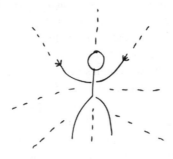

Metáfora: pretendo me manter pequena, mas algo me infla, fios que puxam para todas as direções, pelas extremidades.

Não resisto a essa força que me puxa. Só mantenho o centro de força ativado. Imagem: ondas na água após o salto da rã.

Coluna: estirando à medida que o corpo é puxado pelas extremidades, cabeça, braço, joelhos, ombros, costas. Sem tensão nos braços e nas mãos.

Tadashi acentua, também, nas mãos e nos pés as duas qualidades opostas *chijimu* e *kagamu*.

MÃOS. Imagem: estrela do mar. O centro de força também está na palma das mãos. Manutenção da forma externa, mudando a qualidade. Mantém nas mãos a mesma relação de tensão que existia no corpo todo, em *kagamu*: redonda, curva, pressionando de fora para dentro e sendo pressionada de dentro para fora; em *chijimu*: sem tensão, dedos relaxados, centro de força ativo.

PÉS. Explorar os espaços vazios também na sola dos pés, arredondando, expandindo e comprimindo.

PERNAS. Arredondar, abrir espaço entre. Peso na parte externa dos pés. Explorar as oposições criando um espaço vazio entre as pernas.

Percebo que uso, frequentemente, os joelhos voltados para dentro, fechados, o que reduz a figura, me fazendo parecer pequena. Necessito explorar mais o espaço entre as pernas, entre o tronco e os braços, entre os dedos, pés e mãos. Nunca danço o espaço que não vejo, nas costas.

Após trabalharmos sobre os princípios de oposição, improvisamos com música. O comando era dançar sem pensar nas diferentes qualidades de energia e deixar que elas fossem acessadas no decorrer da dança. Acrescentamos a qualidade do *staccato*, que havíamos experienciado anteriormente, associado às qualidades anteriores. Por exemplo: em *kagamu*, ao me fazer pequena, uso o *staccato* como resistência; encolho e expando, mas na direção de me fazer pequena.

Staccato: percebo que a tensão não é contínua, mas alternada, num ritmo muito rápido, entre tensão e relaxamento, o que provoca o acento forte. Experimentamos com diferentes partes do corpo, diferentes direções. Às vezes, ampliando a intensidade, é como se quebrasse uma parte do corpo num único tempo.

Variações. Sempre com cada parte do corpo e direções diferentes:

- esticar (contínuo com acento);
- quebrar (um membro, brusco, forte, um tempo);
- girar (quadril, ombro, tronco, descontínuo);
- impulso contrário (impulso para uma direção contrária ao sentido do movimento);
- descer e subir;
- com eco e sem eco.

Rastros

Procurei compartilhar nas páginas anteriores alguns dos momentos vividos em nossa primeira imersão que nortearam os meses de trabalho solitário até o novo encontro com Tadashi no ano seguinte. Vários dos temas trabalhados reapareceram no segundo encontro – que deu origem ao espetáculo – sob novos prismas, mas reafirmando pontos colocados no primeiro contato. A narração acima não abrange a totalidade das experiências nem os tópicos desenvolvidos. Várias das experiências aparecerão nas próximas páginas porque se encaixam melhor nos temas desenvolvidos então, numa tentativa de fugir da repetição no presente texto.

Percebo que várias linhas se cruzaram nesse primeiro momento. Desenvolvemos uma aproximação gradual: tateando fronteiras e cruzando territórios, ampliando confianças e desejos. Habitando-nos mutuamente.

Tadashi raramente usa a imitação para ensinar ou coreografar. Ao organizar determinado material e transpô-lo para a cena, ele quase sempre parte do que lhe foi apresentado. Caso esteja insatisfeito com o que está sendo realizado, sugere novos temas, desvios, investigando até encontrar um fio significativo que possa ser desenvolvido. Percebo que, na maior parte das vezes, ele absorve meu movimento, o habita e o regurgita ressignificado. Ou, quando deseja que eu rompa com meus condicionamentos, me provoca o movimento inverso, sugerindo algum movimento ou qualidade precisa. A partir do que meu corpo absorver e, por sua vez, também recriar, algo é elaborado. Em alguns momentos, esse movimento de troca é realizado inúmeras vezes, do meu corpo para o dele, do dele para o meu, ida e volta, um habitando o outro, para a construção de um pequeno fragmento. Esse é um dos grandes prazeres de trabalhar com um mestre como Tadashi Endo, possuidor de extrema generosidade.

Habitando-nos, pudemos perceber pontos de encontro em nosso fazer. Também pude usufruir o olhar experiente de Tadashi que me apontava hábitos engessados. Eram constantes os alertas no final do dia ou entremeando os exercícios: *esse é o movimento típico da Cris: tente outro* ou *você começa sempre dançando com os braços. Comece por outra parte, pernas, pés e depois o braço vem; experimente dançar com os braços quebrados, faça paradas em posições difíceis, na ponta dos pés ou com a base baixa* ou *não deixe as solas dos pés fixas: isso é muito confortável. Pegue a energia da sola dos pés e não o oposto, de cima. Ou fique numa perna só. Assim outras posições vão surgir* ou *não sonhe sempre com o seu movimento.*

E quando a frustração chegava, podia-se ouvir o meu desabafo: "Passo o dia 'batendo a cabeça na parede'. Sigo as diferentes indicações dadas por Tadashi, mas nenhuma qualidade parece ecoar no meu corpo. Sinto-me nadando na água. Com pequenos impulsos, sempre tagarelando. Tudo o que foi apontado como frágil em minha dança, hoje parece ter domínio sobre todos os outros elementos. Agora danço com a sensação de estar me olhando de fora. Penso que não devo pensar e quanto mais penso isso, mais penso. E retorno aos mesmos condicionamentos."

E eu ouvia em resposta: *Isso não é mau. Você olha para si mesma quando dança. Pegue esse controle e realmente se olhe, especialmente as costas, a espinha. Eu a sinto confusa, mas não confusa o suficiente. Tem que estar mais confusa, "eu não sei mais nada!". Quando esse sentimento vier, então dance.*

Assim finalizamos o primeiro encontro. Confusa mas não o suficiente!

O encontro seguinte teria como objetivo a continuidade das investigações e a organização do material cênico coletado para a construção de um espetáculo.

Estou fazendo as pazes com meu corpo...

... ainda não fiz.

ACONTECIMENTO LILÁS,
ESCORRENDO VERMELHO:
O SEGUNDO ENCONTRO

Aconteceu entre 10 de março e 09 de abril de 2009, com a presença constante de:

◆ Carlos Simioni, que acabou assumindo o papel de assistente de direção e mestre conselheiro desde o primeiro dia em sala até semanas após a estreia do espetáculo. Simioni acompanha o meu trabalho desde 1993, quando ainda era aluna do Departamento de Artes Cênicas e sua orientanda; em sua generosidade imensa acabou por desenvolver uma ponte de comunicação fundamental entre mim e Tadashi;

◆ Luís Nöthlich, responsável por toda a documentação em áudio e vídeo. Por ser o processo criativo do Lume um dos focos de sua pesquisa de doutorado, tornou-se um importante interlocutor durante o processo de criação, realizando um trabalho minucioso de organização, relato e tradução desse segundo encontro.

♦ Greg Slivar, criador da trilha sonora original. Participante ativo como instrumentista de grande parte das vivências realizadas, foi construindo a trilha paralelamente à criação cênica.

♦ Suzi Frankl Sperber, conhecedora e provocadora de meus processos de criação e minha orientadora em todo o processo de reflexão.

O período de investigação, criação e ensaios cumpriu a seguinte divisão:

♦ conversa inicial no dia 10 de março com todos os membros da equipe para apresentação e esclarecimento dos papéis a serem desempenhados, bem como regras e horários e uma primeira abordagem do tema criativo.

♦ de 11 a 19 de março: período intenso de imersão e criação de vivências no sentido de conhecer e alargar possibilidades psicofísicas e corporais;

♦ dia 19 de março: primeiro esboço do espaço tempo poético do espetáculo;

♦ de 19 a 25 de março: criação e construção do que seria o primeiro esboço do espetáculo, composto por três movimentos similares de aproximadamente vinte minutos cada, realizados por três corpos de características diferentes: uma mulher idosa, uma mulher jovem e uma criança.

♦ de 25 a 07 de abril: refinamento da estrutura elaborada, definição e criação da cenografia, iluminação, figurino e trilha sonora.

♦ 07 e 08 de abril: ensaio aberto do processo para os atores do Lume, convidados e alunos do Departamento de Artes Cênicas da Unicamp.

♦ 09 de abril: conversa final entre mim, Tadashi e Simioni sobre o fechamento dessa fase e um planejamento para os meses de trabalho sozinha.

Você: O Espetáculo

> *Eu só sou eu porque eu sou o outro.*
>
> JOSÉ GIL[1]

> *Cantiga triste pode com ela é quem não perdeu*
> *a alegria.*
>
> ADÉLIA PRADO[2]

Você surgiu do mais íntimo de mim. Fui de escafandro e lanterna na mão. Tinha medo de me afogar e não enxergar o caminho de volta. Por precaução amarrei um barbante no dedo e o deixei preso na maçaneta da porta azul da minha casa. Igual quando, em criança, me arrancavam os dentes de leite que teimavam em permanecer moles, sem cair.

Comecei pela infância e cheguei à velhice (a minha, a da minha mãe, a da minha avó, a da Manuela).

E da velhice retornei à infância (a minha, a da minha mãe, a da minha avó, a da Manuela).

Até meu pai criança também fez visita.

Da viagem trouxe na bagagem poemas imagens da criança velha que fui. Rasgaram-me para sair. Saíram molhados, com gosto de chuva e cebola cortada ao meio.

Na partida só uma frase no bolso:

Quero ter olho de vidro para olhar na transparência das coisas.

Se olhassem minha alma ao vento, a veriam como um caroço enrugado.

Desenhei as palavras em pequenos pergaminhos, preto no branco. Depois as imprimi na pele, ferro e fogo. Meu corpo, todo ele gritando,

---

1. *A Imagem Nua e as Pequenas Percepções*, p. 234.
2. *Bagagem*, p. 59.

mãe   cebola
            casamento   chuva
aconchego
            solidão   travessia
vento   loucura

O que vi, o que senti, o que cheirei quando eu era criança, condensei nos poemas imagens. Queria transportar, através deles, o gosto da pedra gelada, com todas as linhas que me vazavam diante da sua lembrança. A chuva forte de granizo no final da tarde e sua imensidão, eu queria condensar na pequena pedra gelada que eu teimava em guardar para chupar depois como um picolé sem sabor. E transportar com eles todo o vazio pleno de forças e movimentos.

> *Porque se a gente fala a partir de ser criança, a gente faz comunhão: de um orvalho e sua aranha, de uma tarde e suas garças, de um pássaro e sua árvore.*
>
> MANOEL DE BARROS[3]

Convoquei meus mortos para dançarem comigo. Um a um os percebi chegando. Passamos a habitar juntos o espaço "entre", tempo dilatado.

Do eu, cheguei ao você. Você sou eu ou é você?

Ou somos todos?

Será isso importante?

Saber o espaço que me separa do outro?

Meu prazer é habitar o entre que me liga a você.

Você me lembra eu.

O espaço interior é relacional, é ao mesmo tempo aberto e fechado porque só se põe negando-se enquanto uno: é meu porque está "no interior" da minha pele; mas este conteúdo envolve-se num continente que não é senão o reflexo do continente do outro que retomba

3. *Memórias Inventadas*, p. 5.

sobre o meu próprio conteúdo. Este continente outro pertence ao meu próprio conteúdo e proporciona-lhe limites (um continente meu).[4]

E através do olhar do outro me vejo. Do outro Tadashi, do outro eu mesma, do outro você que me vê, que me lê, que me projeta, sombra branca. Você me busca nas palavras que lê, tentando me decifrar. A busca deveria ser não no espaço entre mim mesma e minhas palavras, mas entre minhas palavras e você. Assim nos reconheceríamos.

O espaço interior, também ele espaço, que pressupõe um exterior que o delimita, visível e palpável. Pele, cheiro, ossos, carne. Por que necessito do reflexo do outro sobre mim mesma para constituí-lo meu? Para dar-lhe forma?

Construímos pontes, Tadashi e eu. Passagens subterrâneas, entre continentes, como se eles nunca houvessem se separado. As vozes se misturam, o que é meu, o que é seu, nesse *Você* que somos nós? E com quem mais venha a compartilhar conosco seu reflexo.

O esboço primeiro do espaço tempo poético do espetáculo *Você* surgiu por volta do nono dia de trabalhos conjuntos, partindo das vivências dos dois encontros realizados. As experimentações continuaram sendo feitas, só que agora um fio guia permeava nosso olhar.

Começaremos pelo fim, pela velhice. Passaremos pela idade adulta e chegaremos à infância. Terminaremos onde tudo começou...

4. J. Gil, op. cit., p. 233.

JO

VELHICE

LENTIDÃO
RESISTÊNCIA

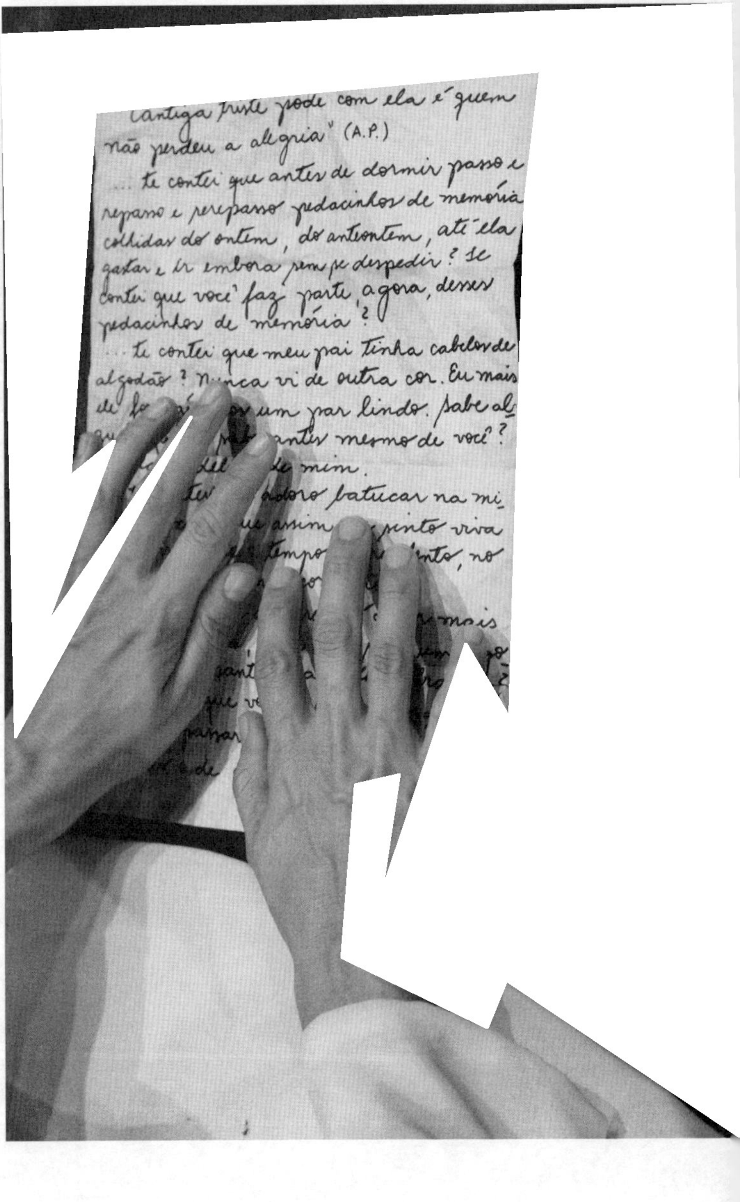

FIG. 1: *Velhice – carta*

Dia de chuva

na roça, em dia de trovoada, a vó botava a mãe e seus irmãos embaixo da mesa da cozinha.
e rezava, pedindo proteção.
na cidade, em dia de trovoada, a mãe me trancava no quarto escuro, espelho coberto, eletricidade desligada.
e rezava, pedindo proteção.
eu, em dia de trovoada, olho pro céu e penso na mãe e na vó.
e rezo, pedindo proteção.

Navio

a vó veio de navio.
grávida do primeiro filho Manuel, que nasceu durante a travessia.
travessia é quando uma pessoa sai do seu lugar e busca outro, longe dali,
pra ver se encontra algo que nunca encontrou.
e scmpre leva consigo um pedacinho do que deixou.
a vó trouxe xícara, camisola e máquina de costura.
o baú, que devia ser cheio de lindezas, roubaram no caminho.
na ilha da madeira, lugar da vó e do vô, eles moravam num moinho.
devia ser apertado demais.

Tirinhas de tecido

a vó de velha caducou.
caducar é quando a pessoa enruga tanto que perde as forças pra viver nesse mundo e cria um outro muito mais divertido, sem regra e hora pra dormir.
de manhãzinha a vó lavava o rosto na privada,
ela se encantava com aquela aguinha pouca com seu rosto dentro
e nela mergulhava.
eu ria. a mãe corria.
a caixinha de tesouro da vó tinha botão, barbante, meia e tirinha de tudo que encontrava,

um amarrado no outro.
o cordão crescia a cada dia, teia tramada e sonhada,
de cores infinitas.

Corpo

Primeiro eu separo as pernas
coloco o peso na parte externa dos pés
joelhos flexionados voltados pra fora
púbis projetado pra frente
peito pesando pra baixo
(um buraco no estômago),
ombros pra frente e pra baixo
braços levantados na altura dos ombros
o braço direito um pouco acima do esquerdo
pulso quebrado pra baixo
um pequeno espaço entre os dedos
e uma pequena tensão nas mãos
pescoço e cabeça projetados pra frente
(uma tensão forte na nuca)
eu engulo os lábios escondendo os dentes
sobrancelha levantada
olhos ligeiramente espremidos
uma pequena tensão no globo ocular
(quando eu movimento os olhos)
eu engulo o ar
e o som começa a sair pela barriga

Esse é o traçado do corpo. Quer experimentar?
Não tenha pressa, tome o tempo que for necessário.
Fique em pé e calmamente vá deixando com que os comandos acima desenhem linhas em seu corpo. Linhas de tensão que condensam o tempo. Seja rigoroso e não fique confortável. Não, isso pode pôr tudo a perder. Vá além e seja rigoroso, deixe-se transbordar, mas fique alerta quando algo começar a mudar. Corpo, máscara, voz. Passo a passo.

Quando chegar ao final, apenas respire. Tente não pensar. Se pensar em demasia talvez seja prudente começar do início. Não pense em nada, seja livre.

Todo o corpo convertido em linhas de força, tensões múltiplas. É chegado o momento do vazio. Ao invés de conduzir, agora você será conduzido em ressonância com o seu corpo. Uma passagem ao vazio, pelo vazio. Você é convidado a desaparecer ou a nascer para si próprio, metamorfoseando-se. É preciso passar pelo vazio para que a metamorfose ocorra, para que você não seja apenas a cópia de si mesmo, mas possa fundir-se ao espaço e por ele ser habitado e para nele habitar.

Esse vazio não significa ausência, ao contrário, é pleno de potência. Não tente retê-lo, ele escapa pelas mãos. Não relaxe, você pode perdê-lo.

Olhos turvos, corpo trêmulo, o centro do corpo pulsante sustentando todos os membros, a respiração apertada. Qualquer tentativa de deslocamento exige muito esforço: transferência do peso para direita, avanço do pé esquerdo tateando o chão, o corpo como um bloco, nova transferência de peso, mais um pequeno avanço, suor, dores nas articulações. O tempo escorrendo lento, sem pressa. Não há aonde chegar, o lugar onde estamos já é a chegada.

Aos poucos, o corpo, antes forma, torna-se atmosfera. O espaço do corpo rompendo contornos e limites, vazando-se. Transbordando fronteiras.

A forma contém uma alma ou a alma possui uma forma?

A partir daqui todo passeio é possível.

Gosto de chuva.

Pedra gelada.

O primeiro sapato nasceu do pé de cebola.

A imagem projetada torna-se imagem corpo. Um riacho cristalino onde matamos a sede e bebemos lembranças; um baile entre andorinhas e antigos amores; cartas nunca lidas sendo lançadas ao vento.

Vibração

> *Vibração é quando você não move, mas move.*
>
> TADASHI ENDO

Tadashi pede que eu faça uma árvore, com bastantes folhas ao vento.

Faço fisicamente o que imagino ser uma árvore.

Em seguida Tadashi me pergunta: *O que mexeu? O que moveu? Se eu disse: você é uma árvore com bastantes folhas e vem o vento... O que mexeu?*

Respondo: Os galhos e as folhas.

Ouço em resposta: *Sim, mas isso é a sua imaginação, não é? Você moveu o seu corpo, o que nele se moveu? Os braços, os dedos, o que moveu?*

Respondo: o peso, a coluna, os braços...

Tadashi complementa: *Você foi dois passos além da sua imaginação. Primeiro: ÁRVORE, árvore não se move, não é? Árvore não é leve, nem suave. Tem um tronco, tem raízes. E os galhos? E as folhas? Tem folhas aqui, aqui, por vários lados (apontando os braços). Quando o vento chega, as folhas se movem. As folhas se movem: não a árvore. O tronco não se move. A árvore é forte, só as folhas se movem. Tente fazer isso. Profundas raízes dentro da terra.*

Faço.

Tadashi: *Eu não vejo o vento. O que você tentou?*

Eu: Mover as folhas. Como se eu tentasse mover o "campo" fora do meu corpo.

Tadashi: *Ok, mas isso é imaginação. E dentro do seu corpo?*

Eu: Respiração, tensão, impulso.

Tadashi: *Ok. Mas eu não vi isso. Imaginação. Por exemplo: eu quero ser uma árvore e quero que as folhas se movam.* (Fica em pé, parado, da forma em que eu estava). *Isso é minha imaginação, eu não me movi. Mova!*

Faço.

Tadashi: *Sua árvore é suave. A árvore usualmente não é suave. Se eu bato numa árvore tem um som bem forte.*

Continuo fazendo.

Tadashi: *Cris, pare! O que você tentou fazer agora?* (Tem um tom de impaciência na voz). *O que você fez no seu corpo para se mover? Não o que você fez na sua imaginação.*

Eu, confusa: muita tensão. Mudança na respiração e a tentativa de que toda essa tensão circulasse pelo meu corpo.

Tadashi: *Ah, circulação! Então faça essa circulação mais claramente. Se a tensão muda, a respiração muda. Daí, a circulação. Tente fazer isso mais claramente.*

Faço.

Tadashi: *Eu não vejo folhas.*
Eu continuo fazendo.

Tadashi: *Ok! Pare! De onde vem o vento?*
Eu: De todos os lados.
Tadashi: *Não. O vento não vem de todos os lados. De onde ele vem? Nós conhecemos realmente o vento. Se não o conhecêssemos poderíamos criar no nosso estilo. Mas nós o conhecemos. Então, de onde ele vem? Ele muda todo o tempo de direção. Ele vem desse lado, desse lado, de cima, de muitas direções. Ele move as folhas, mas não de maneira sistemática. Milhares e milhares de folhas se movendo, em muitas direções, mas a árvore não se move. Esse movimento* (articula o corpo) *nunca existe. As folhas, sim, é que se movem, para muitas direções. Tente isso, mais uma vez.*
Faço.

Tadashi: *Ok, pare. Para que a árvore esteja em pé, ela precisa de raízes. Sem as raízes a árvore não para em pé. Geralmente a base é mais ampla que o topo e os galhos.*

Normalmente a ponta é mais fina que o começo dele. O tronco é fixo. No seu movimento, o movimento parte do centro, ondulando. A árvore parece quebrada!

Não tente o movimento pelo topo (cabeça), que é a parte mais fina. Quando o vento vier, pode ser (faz um ligeiro movimento com a cabeça), *mas não aqui* (move o quadril, a cintura). *E se você começa a árvore nesse estilo* (inclinada),

não mova para o outro lado.

Mas o movimento das folhas eu tenho que ver. Você falou circulação. O que acontece? Vibração! Tem que ter vibração também. Não é uma grande folha se movendo.

Se eu tenho uma árvore, eu não posso mover assim (ondula o corpo), *mas as folhas, eu tenho que mover os milhares de folhas. E ao mesmo tempo. Árvore e folhas, as duas qualidades juntas.*

A impossibilidade do movimento. ÁRVORE.
O movimento de milhares de folhas. VIBRAÇÃO.
Faço.

(E não é que ondulo a coluna para o lado no primeiro segundo?! Argh!!!!)

Tadashi: *O vento, mais! O movimento das folhas, mais! Pare! Continua o mesmo. Eu não vejo as folhas se movendo. Esqueça a árvore e faça as folhas. Você. Milhares de folhas.*

Faço.

Tadashi: *Isso é vibração? Você falou em vibração. É isso vibração? Vibração no corpo!... Duzentas folhas; muitas direções. Não tem um único lado para mover. Todo o tempo vibração: milhares de pequenas folhas.*

Continuo fazendo. Pequenos movimentos circulando pelo corpo!

Tadashi: *Isso não é vibração! É nadar no ar.*

Ok, pare! (Abre a janela da sala de trabalho. No quintal temos muitas árvores). *Olhe as folhas! Elas não se movem em grupo ou juntas. Quando o vento vem e elas balançam, cada uma faz movimentos para diferentes direções, diferentes movimentos. Mas o tronco não se move e os galhos, quando o vento é muito forte, vão para determinada direção, não ficam se movendo para muitas direções. Só o espaço muda.* (Aqui, respirei. O barulho balançado das folhas, murmurejando ao pé do ouvido, movendo o espaço à volta e chegando até minha pele. Tão simples!... Aparentemente tão simples. E tão difícil!).

Quando você fala em vibração, as folhas são a vibração. Da maneira como você está fazendo, é como se fosse água. Isso é outra qualidade.

Vibração é quando você não move, mas move. Isso é vibração. O galho não se move: as folhas é que se movem. Tente ser árvore e aí mover! Sua respiração vai mudar. Se você ficar sacolejando o corpo é como um "boneco árvore".

Tente ser árvore, não se mova e ao mesmo tempo mova--se. E automaticamente virá uma vibração, abaixo da pele. Você não conseguirá respirar normalmente.

FAÇO.

A voz do Tadashi conduzindo. *O topo da cabeça é mais fino. O vento move para diferentes direções.*

Agora eu vejo as folhas se movendo. À sua volta eu vejo o vento.

Se o vento vem de frente, forte, o que acontece? O topo é a parte mais fina, a mais instável da árvore, o movimento é mais intenso. Cuidado para não "quebrar" a árvore!

Vento suave, agora. Vento forte, agora.

(Tadashi vem até mim e faz com os dedos pequenas folhas, movendo minha cabeça. Fica na minha frente dançando miúdo, me conduzindo).

A ÁRVORE COMEÇA A ANDAR.

Sinto o corpo todo um bloco que respira. Condensado, emitindo energia. A respiração circulando num fio fino. O corpo: brasa acesa, duplicado. Denso e fluido. Pesado e leve. Começo a manipular a tensão muscular. Suave demais, me faz ondular e não crio o corpo árvore: navego na água. Rígido, em excesso, cristalizo: estátua de gesso sem vida. Percebo que a árvore me exige intensidade, no limite da capacidade da minha musculatura, como brasa quente, bloco vermelho emitindo calor, ausente de movimento possível de ser visto, mas percebido, sentido, cheirado. Movimento contínuo, seja no limite que meu corpo ocupa no espaço, seja no espaço além do corpo, também ele corpo. Será possível separar o corpo do espaço que ele ocupa? Não serão ambos espaço e ambos corpo? Corpo do espaço e espaço do corpo, um só corpo?

Ok, pare! Tadashi me interrompe. *Agora, sim, eu pude ver a vibração. Você trabalhou muito mais intensamente com o seu corpo.*

Antes era só imaginação. A sua sensação do que seria a árvore e o seu corpo movendo paralelo à sua imagem. Não é ruim, mas o corpo estava confortável. No primeiro momento temos que partir do desconforto, porque você está tentando algo impossível. Como é possível ser uma árvore? Como é possível mover centenas de folhas para diferentes direções? Eu não sei como, mas eu tento. Eu tenho que estar quieto, mas ao mesmo tempo vibrando.

Todo esse movimento já existe antes de se tornar movimento. "À escala das pequenas percepções tudo muda, o repouso torna-se movimento, e o estável instável."[1]

A Velha

Agora não faremos mais uma árvore, mas uma pessoa idosa. Escolha uma posição, como uma foto e coloque a vibração. Primeiro, escolha a forma física de uma velha e não se mova. Experimente várias figuras, até encontrar uma em que você se sinta conectada com essa velha. Aí segure essa forma e tente se movimentar internamente.

Você se sente uma velha, agora? Não se mova. Segure essa posição. Só se deixe sentir velha. O que significa velha?

A pele muda.

Os ossos mudam.

A respiração muda.

Você não enxerga claramente.

Você não ouve claramente.

---

1. J. Gil, *A Imagem Nua e as Pequenas Percepções*, p.20.

Olhe para mim. (Muda de direção no espaço).

OLHAR.

Alguém te chamou. Você olha na direção dele.

OUVIR.

Olhe para mim. (Se move para o outro lado).

MOVER.

As pessoas velhas não se movem rapidamente. O mais importante: as pessoas velhas se movem como a árvore. Mover o tronco é uma ação muito jovem. É difícil para elas. O tronco é fixo, como a árvore.

RESPIRAR.

Sua respiração, como está?

Olhe o céu. Também os olhos estão muito jovens. O olho é fixo. É a partir do tronco a ação de olhar. Olhe com a cabeça. A máscara facial é fixa.

POMBOS.

Agora os pombos, vários.

Alguém te chamou, lá atrás. Muito esforço dentro.

ANDAR.

Agora o movimento. Pessoas idosas não conseguem estar fixas. O tempo todo têm vibração. Mas não é tremelicar o corpo: isso é como um corpo doente. Os movimentos são feitos partindo de uma vibração interna.

AÇÕES. IMAGENS.

Os pombos: dê algum alimento para eles. Olhe o céu. Nuvens negras estão vindo. Talvez vá chover. Seu neto a chama "Venha avó, vai chover". De onde ele a chamou? Olhe para a direção e aí caminhe até ele.

Vá para casa. Cuidado com o caminho. Pode ser que tenha pedras, buracos. Olhe para frente, na direção em que você vai. É perigoso ficar olhando só para o chão.

Você esqueceu sua bolsa quando deu comida para o pombo. Volte para pegar.

Pequenas vibrações existem todo o tempo internamente.

Ok, pare. Hoje experimentamos duas tensões diferentes, dois caminhos:

– ÁRVORE – *forte* – *vibração*.
– VELHA – *fraco* – *vibração. Tudo à volta fraco. Pele, ossos, tudo longe, não ver, não ouvir. Dentro, no abdômen, um ponto forte que impede que seu corpo desmorone.*
Qual dessas duas tensões você sentiu mais fácil?

Respondo: "A velha, mas depois de ter feito a árvore."
Tadashi: *Isso é uma vantagem. Eu vi você fazendo a mulher velha e, realmente, em alguns momentos, eu pude ver uma senhora velha. Isso é uma vantagem. Mas o difícil é você colocar uma nova forma e encontrar um ponto fixo forte de tensão no centro do corpo e, partindo daí, começar algo. Ah, isso não é tão fácil!*

Eu: O difícil, para mim, foi colocar esse ponto de tensão fixo sem crispar todo o corpo, deixando a vibração e as diferentes direções aparecerem.

Tadashi: *A vibração das folhas não é exatamente igual à da velha. A da velha é como se fizéssemos todo o tempo sim, sim, sim (tremelicando a cabeça sutilmente). É diferente da árvore. Na velha coloque mais dentro, mais dentro, mais dentro! E os movimentos minimalistas. Fale balbuciando com os lábios. Assim teremos diferentes movimentos.*

IMPROVISAÇÃO.
Experimentamos as duas tensões, na seguinte ordem: árvore e velha.

No final da improvisação, recebo um abraço apertado do Tadashi, ambos emocionados. Choramos os dois abraçados.

Meu choro era atravessado por diferentes sentires. Alívio por ter conseguido despontar algo intenso, capaz de me mover e mover o outro. Afinal, o dia havia sido bastante árduo. Choro pelo choro do Tadashi; choro gostoso pelo abraço apertado, que me fez confirmar o quão intenso tem sido o trabalho também para ele. Choro pela proximidade com a minha avó Maria, que perdi aos sete anos de idade e que essa experiência me presenteou. Mas esses choros todos vieram depois, com o abraço do Tadashi me despertando e abrindo o dique das emoções. O choro primeiro, ainda em plena dança, esse foi um choro esquisito, um choro muscular, choro dos sentidos. Sabe aquele choro que não tem tristeza nem nada, nem emoção nomeável? Que vem de um agito interno da musculatura, atingindo um grau de intensidade, cuja fronteira tem que ser rompida? Através da água, o corpo escorre, se comprime e vaza. Dança líquida.

E memórias foram despertadas.

Tadashi: *Você me presenteou com uma memória muito antiga, mas muito nítida. É claro, eu comecei a lembrar de minha avó, meu pai, meu irmão. Você me deu a chance de lembrar não a sua experiência, mas a minha própria. Você só deu a sua imagem, a sua memória, mas, ao mesmo tempo, vendo a sua presença aqui, eu começo a abrir minha caixa de memórias e a lembrar.*

Nesse momento você está ativa, mas eu estou mais ativo ainda e, pode ser, até mais rápido com as minhas memórias. Até o momento em que ficou demais pra mim, aí pedi para você parar.

Isso é fantástico! Se você dança ou joga, na plateia se passam muitas sensações. Você só está aí, muito pequena, e aqui na plateia, grandes movimentos acontecendo, muitas imagens.

Tensão Vibração Memória Respiração Árvore

Velha Desconforto Extremo Vento

Folhas Imaginação Limite Choro

Dentre os dias em que nos encontramos em sala, esse seguramente foi o mais intenso e marcante. Não apenas pela sensação de conquista no final do dia, que seguramente me ajudou a guardá-lo na memória de maneira diferenciada, mas principalmente pela maneira com que o trabalho foi conduzido.

Explico-me: havíamos feito uma pausa no trabalho, bebemos água, conversamos. Tadashi fumou seu cigarro costumeiro, entre outras coisas que fazemos para espairecer e relaxar após uma atividade intensa. Assim que voltamos para a sala, Tadashi me pediu para fazer a árvore. Uma árvore com muitas folhas, ao vento. Mesmo sabendo que o trabalho continuaria, fui pega de surpresa. É claro, eu não estava totalmente fria, havia trabalhado intensamente por duas horas minutos antes, mas trazia do intervalo um certo relaxamento. Ter que fazer uma árvore! Bom, vamos lá.

Hoje, revivendo o dia ao escrevê-lo – e sempre que escrevo sobre esses dias vivo novamente cada um deles, com novos sabores –, intuo que pode ter sido proposital, da parte do Tadashi, iniciar o exercício dessa maneira. No decorrer dos dias fui colocada constantemente em situações de desafio, ora desconfortáveis, ora confusas, ora irritantes. E nesse dia em especial. Faça. Pare. Faça. Pare. Faça. Pare. Ele não me conduziu a nenhuma preparação que pudesse me auxiliar na construção de um estado vibratório capaz de mover o espaço. Não: foi seco e direto. Faça uma árvore e, após minutos, pare, o que é isso?

Todo o dia foi conduzido de maneira a me "tirar o chão". Não acredito que ele esperava que eu fizesse a árvore, e chegasse a um estado intenso de microações musculares em alguns poucos minutos. Os inúmeros comandos de interrupção funcionaram como pequenas alfinetadas, provocações, que paralelamente, ao acender da musculatura, natural pelas inúmeras tentativas, me impulsionavam na busca, na vivência de uma experiência que ficou impressa na minha percepção sensorial do dia e que talvez não estivesse gravada com tanta intensidade se o caminho tivesse sido mais suave. Todas as tentativas frustradas ficaram impressas de maneira a me dar a gradação do mínimo ao máximo grau de intensidade vivido e esperado.

Faço um paralelo com a experiência do picadeiro, vivida há catorze anos no retiro de *clown*, conduzido por Carlos Simioni e Ricardo Puccetti, nos meus primeiros anos como atriz do Lume. Em rápidas palavras, o picadeiro é um espaço de exposição individual onde cada participante é colocado no foco, tendo os demais como plateia. O desafio é demonstrar alguma habilidade que convença o dono do circo a contratá-lo. E é claro que nada convence os *Messieurs*. Alguns participantes chegam a passar vários dias em "picadeiro". Após horas na berlinda (e nem sei se foram mesmo horas), me lembro de um cansaço extremo. Eu já havia passado do choro ao riso; cantado, dançado, pulado, me desesperado, até chegar o momento em que nada mais interessava, qualquer tentativa de fracasso ou sucesso não era mais relevante. Eu era só aquela coisinha miúda jogada num canto (era essa minha sensação interna) e nesse momento, um vazio tão pleno e tão intenso, tão cheio ganhou morada. E uma qualidade muito mais cristalina ocupou o espaço colorindo as ações. Era evidente quando esse estado era alcançado, principalmente assistindo aos inúmeros picadeiros dos meus parceiros de retiro. E a partir da criação desse estado, toda e qualquer ação, por mais banal que fosse, significava. Camada por camada, a pele era arrancada, até não ter mais refúgio, até só restar o de dentro da pele.

De maneira distinta, por um caminho diverso, Tadashi me conduziu novamente para esse lugar. E no final, pelo abraço apertado, me contratou para o circo.

Vazio

> *O corpo vazio é o ponto inicial do trabalho.*
>
> TADASHI ENDO

O que significa exatamente esse vazio? "Vazio invisível que fica fora do plano das forças dadas – e que fascina porque não representa nada, nem nada o representa, manifestando--se apenas na energia irradiante que dele irrompe."[2]

O vazio aqui não existe em oposição ao cheio, nem se refere a ausência. Percebo-o como uma concentração extrema de energia. As folhas só começaram a mover-se e tornaram-se visíveis quando o silêncio se fez, possibilitando que a energia concentrada se distendesse, escorrendo pelos fluxos corporais. Ele é a fonte geradora, que surge como possibilidade de saída, por onde vazam as energias diversas, musculares, sensoriais, físicas, psíquicas.

E que sensação de plenitude vem associada a esse estado! Um vazio tão preenchido de forças, sensações, imagens, sem que nenhuma ação visível precise ser realizada. *To be free, to be nothing* – Tadashi lança o comando.

Uma relação direta se estabelece entre o vazio e o cheio, na medida em que, ao esvaziar-se de si mesmo, um espaço é criado para ser preenchido, agora com percepções mais sutis e profundas. Saímos do macro para habitarmos o micro, o mover-se sem mover, a agitação contínua das folhas ao vento no tronco rígido da árvore enraizada.

A proposição desse estado nos conduz a um nível fino de atenção, paciência e concentração antes do movimento. O corpo todo, sensação e músculo, é comprometido para a criação e manutenção desse estado de forças. Podemos fazer um paralelo com os ensinamentos budistas onde a produção do vazio se realiza através da concentração sobre a ação, mantendo a mente ocupada sobre aquilo que está realizando.[3]

2. Ibidem, p.17.
3. Quem desejar se aprofundar nesse assunto, ver: *Estetica del vuoto*, de Giangiorgio Pasqualotto.

Para Tatsumi Hijikata também, o vazio era a entrada para uma outra dimensão de percepção: "Conseguir ficar mudo, mais do que mover-se; não se tornar alguma coisa, mas tornar-se o nada, um espaço vazio pronto a saltar em direção a uma próxima dimensão".[4]

Kazuo Ohno fala sobre chegar ao vazio através do muito pensar:

sem querer, acaba-se ouvindo vozes, mesmo inconscientemente. Sem que se perceba, o pensamento se instala na consciência. Na verdade, eu penso de manhã até à noite. Penso, penso até o esgotamento e, no final, chego ao vazio. Estou lhes dizendo [isso] para que pensem, pensem até que, no final, cheguem ao não pensar, jogando tudo fora. É um não pensar que vem do ter pensado – e pensado muito. A essência do não pensar é fruto do pensar muito, que se transforma no não pensar. [...] Tentar estar no não pensar, sem ter pensado nada é como querer comer o *mochi* [bolinho de arroz macerado] de um desenho.[5]

Outra experiência acerca do vazio, sugerida pela leitura de um dos poemas:

a vó de velha caducou.
caducar é quando a pessoa enruga tanto que perde as forças
pra viver nesse mundo e cria um outro muito mais divertido,
sem regra e hora pra dormir.
de manhãzinha a vó lavava o rosto na privada,
ela se encantava com aquela aguinha pouca com seu rosto dentro
e nela mergulhava.

Como seria dançar com essa absoluta liberdade, sem tensões desnecessárias?

Tadashi filosofa: *Eu penso algumas vezes como ser... Não como uma metáfora... Ser... Existir para nada... Algo parecido com iluminação, isso é mais como budismo, mais espiritual. Não pensar em nada e ser livre. Mas poderia o nosso corpo estar numa situação similar? Você se move, mas*

---

4. Apud N. Masson-Sekiné, op. cit., p. 7.
5. Apud Inês Bogéa, *Kazuo Ohno*, p. 37.

não precisa mover-se e ainda assim você se move. E esse movimento não está conectado com algo que você precise fazer. Você pode fazer qualquer coisa que quiser... mas você ainda existe.

Mover sem expectativa, num estado de relaxamento total.

Tadashi me propõe a seguinte experiência:

Deixe tudo muito relaxado e então mantenha esse estado. Nenhum movimento. Isto é Obutshickta. Você está aqui, você está relaxada, mas você não é você. Você é um objeto como uma escultura. É muito claro, mas para você é absolutamente indefinido. Seus ombros podem ter dois metros de largura: sua cabeça pode ser como um balão que é tão leve. Uma figura mais vazia. Mas para nós você é um objeto muito nítido e podemos ver toda a sua silhueta, todas as suas linhas. Mas se você põe a alma neste objeto, então ele começa a nos revelar algum modo de atmosfera ou retrato. Isto é a nossa imaginação. Nós colocamos algum tipo de fantasia nisso que vem de você. Antes que você tente fazer algo, você nos deu a grande chance de criar alguma coisa da nossa imaginação sobre o objeto.

Então, nós vamos tentar que você mantenha essa posição o tanto quanto consiga. Para manter isso por um longo tempo, certamente o seu corpo vai ter que encontrar outra tensão. E o corpo vai querer fazer algo. Somente se o corpo quiser fazer algo você faz, mas você pode ficar aí parada, você não precisa fazer nada. Mais tarde talvez o corpo queira fazer algo.

Escolhi uma posição em que eu fiquei sentada, que coincidentemente se assemelhava à figura da velha realizada após o exercício da árvore, o que só percebi depois de alguns dias. Acabou sendo a transposição da forma em pé, antes realizada, para a posição sentada. A experiência foi realizada durante trinta minutos. Durante esse tempo fiquei "imóvel". De início, a posição era bastante confortável e eu consegui atingir um estado de relaxamento da musculatura paralelo a um esvaziar de expectativas e desejos.

A respiração foi se acalmando e o tempo entre expirar e inspirar foi cada vez mais largo. Passados uns vinte minutos, meu corpo havia "envelhecido", a musculatura cansada tremelicava em pequenos espasmos, meu maxilar pesado mantinha minha boca entreaberta, a cabeça pesava toneladas, também meu abdômen tremia. Os músculos da face completamente relaxados deixavam minha expressão abobalhada. Nenhum desses movimentos passava pelo meu controle. Eles eram involuntários e constantes. Fui me liquefazendo. Os olhos, antes secos, pelo longo tempo abertos sem piscar, ficaram aguados e lágrimas escorriam sem cessar. Minha boca foi se enchendo de saliva, não engolida, e um fio de baba descia pelo queixo.

Não consigo descrever a sensação. Creio que nem mesmo exista sentido nessa descrição. Mas é como se o tempo tivesse se ausentado. Ou talvez como se escorresse lento, como num filme de animação, onde eu pudesse ver cada quadro, de cada milímetro de segundo. E nessa lentidão eu pudesse ver o vento tocando minha pele, não só sentir, mas ver. E todas essas sensações impregnadas de uma concretude absoluta.

Nos últimos dez minutos tentei deitar no chão. E aos poucos fui rejuvenescendo, à medida que a ação de deitar exigia um novo esforço da minha musculatura. Com o movimento, os espasmos involuntários se ampliaram, abrindo um dique represado. Novas tensões surgiram para evitar que o corpo desabasse no chão.

Ao finalizar o exercício, o comentário do Tadashi foi o seguinte: *O que nós queremos é ser, e como chegamos a este ponto? Isso é muito importante.*

O que mudou no seu corpo que ficou molhado? E esta água veio para fora. E isto é tudo, o que nós podemos fazer mais? Foi maravilhoso. É claro que durou quase trinta minutos. Precisamos ser conscientemente nada. É muito difícil porque para isso você teve que se preparar, numa posição muito difícil, e para isso você teve que fazer muitos (pequenos) movimentos. E finalmente você chegou nesta posição.

Nós não precisamos de mais nada. Foi muito maravilhoso. E também para você foi confortável. Mas foi muito interessante. E na segunda parte, claro que você teve que manter o corpo se não caía. Você teve que mudar a tensão. E você a manteve por muito tempo. Quando você mudou a posição você ficou jovem. O rosto ficou fresco. Foi muito lindo.

O que você fez agora é o que eu tento, às vezes, por mim mesmo. A motivação e a ambição... Mas, finalmente, o que você quer é ser e a questão é como você chega a isso. Isso é muito importante. São diferentes idades numa mesma situação.

Mais uma experiência, indo ao vazio pela direção inversa:

Não sinta nada, não sinta tensão. Se o corpo do dançarino está realmente vazio, esse é o melhor modo para trabalhar. Acredite que esse é exatamente o corpo do dançarino. Por isso, Hijikata disse: "branco", "vazio". Então, é realmente branco – e daí vem a razão de pintar a pele de branco, no butô – e o vazio. Então eu posso colocar nesse branco uma cor vermelha, amarela, azul. E esse é o trabalho da coreografia. Mas se o dançarino já preparou toda a sensação antes, ele não está vazio... já está acabado. Nesse momento (vazio) é o seu corpo que está dizendo algo, não é você. Quando o ator está nesse momento de desistir, é nesse momento que ele deve continuar; é nesse momento que chega algo para quem está assistindo. Não importa tanto a coreografia e todo esse trabalho. O mais importante é isso, o vazio, e como você continua com isso... Se o corpo está vazio (som, sentimento e pensamento) eu posso fazer qualquer coisa com ele. Nesse momento, é o seu corpo que está falando, não é você.

Em seguida, Tadashi me propõe um novo jeito de dançar: quebrando o ritmo, quebrando o tempo e indo até o limite da velocidade. Quão rápido sou capaz de me mover e por quanto tempo?

Faço o que entendo por "rápido". E logo sou interrompida. Ouço estirada no chão, sem fôlego:

120

Você pensa que está se movendo rápido? Para mim não era rápido. Era muito confortável. Rápido significa isso.

(Me desafia, movendo o corpo numa velocidade rapidíssima com relação ao que eu havia feito considerando ser rápido!).

Desafiada, vou ao limite e sustento a velocidade por três minutos. Estimulada por Tadashi, ainda suporto mais um minuto antes de desfalecer.

Eu estou realmente seguro de que você estava vazia. É claro que sua cabeça pode estar imaginando algo, mas o seu corpo estava completamente vazio. Mas é também o mesmo. Através de uma grande concentração, eu posso alcançar esse nada (demonstra parado de pé, numa posição fixa). Alguém pode me bater e eu não sinto nada. Algo como isso pode se passar. Desse modo, indo ao limite da velocidade, também é possível, mas, por esse caminho, nós precisamos de um treino mais real, porque o nosso corpo não tem uma condição física assim tão forte. Talvez as pessoas jovens consigam mais. Então, nós precisamos de uma onda. Nós não podemos dançar desse modo por uma hora, ou quarenta minutos.

No começo do butô – no fim dos anos de 1950, começo dos anos de 1960 – quando Hijikata atuava, suas lições eram assim. Todo mundo correndo ou pulando, dançando. Duas horas só disso. Isto significa que o corpo precisa, algumas vezes, saltar realmente fora de sua estrada cotidiana. Nesse momento, você fica como louco. Você pode imaginar se você fizer isso por dez minutos. Por certo que seu corpo estaria tão... Eu não sei... Se alguém me carrega ou se alguém me mata... é o mesmo: eu estaria acabado. Mas esse corpo vazio é o ponto de partida e é tão importante. Assim, você pode tentar, algumas vezes, tensões diferentes, mas por tempos maiores; e algumas vezes, mudar realmente o ritmo. Não devagar somente, mas realmente devagar. No Sopro, Simioni trabalha nessa velocidade, e às vezes ele não vai suficientemente devagar. Realmente devagar. Não é a pantomima de um slow motion. *É realmente devagar. Você não move, mas com certeza você move. É mantida uma luta intensa por dentro, contra o movimento. Grande resistência por dentro. Ou muitíssimo rápido, como fizemos. E depois disso, esse corpo se abre. Essa é a maneira de a cada vez se colocar num desafio diferente em que: o tempo muda; o ritmo muda; a tensão do corpo muda.*

Faço um paralelo com o treinamento energético desenvolvido pelo Lume. Através da exaustão física, busca-se romper com os automatismos e propiciar uma porta de entrada para energias potenciais do ator. A longa duração desse treinamento associado à manutenção da velocidade dos movimentos leva obrigatoriamente o ator a um estado de conexão com o próprio corpo, de expansão das percepções, conduzindo-o a um território virtual de intensidades.[6]

Equilibrar-se sobre um pé durante quarenta minutos, levar trinta minutos para sentar, manter-se imóvel em relaxamento completo, mover-se o mais rapidamente possível, mover-se o mais lentamente possível, ou qual seja a proposição extrema a que nos expomos, sempre nos conduzirá a uma experiência, à criação da memória de um estado condensado de potência, que "salta fora da estrada cotidiana".

Se retomarmos a frase do Tadashi, segundo a qual o vazio é o ponto inicial do trabalho, e se entendemos que esse vazio é o estado pleno de potência e intensidades, estado de abertura, o ponto zero, temos aqui apenas o primeiro passo, a primeira camada, o estar pronto para ser (flor, velha, vento, trovão, papel). Simplesmente ser.

Atmosfera

A partir do vazio construímos a vibração e, da vibração, criamos a atmosfera, território energético do corpo.

Uma curiosa coincidência aconteceu durante o exercício descrito anteriormente, no qual eu me mantive imóvel

6. Sobre o treinamento energético encontram-se informações nos livros de L. O. Burnier, *A Arte de Ator*, e de R. Ferracini, *A Arte de Não Interpretar Como Poesia Corpórea do Ator*.

em estado relaxado, acabando por materializar o que chamamos de atmosfera, trazendo algumas reflexões sobre o tema nesse dia de trabalho. Por um jogo de espelhamento entre o espelho do para-brisa de um carro estacionado e o feixe de luz que entrava pela janela através da cortina que se movia, meu corpo se projetava na parede às minhas costas formando uma sombra fiel que se movia de acordo com o vento na cortina. A imagem total que se via, num primeiro plano, era meu corpo imóvel sentado, e ao fundo, a imagem dele projetada na parede em movimento suave, ao fluxo do vento.

Sobre esse fato, Tadashi fez o seguinte comentário:

Você estava sentada hoje de manhã. Então nós vimos sua sombra. Se você não estivesse ali, nós não veríamos a sombra. É a sombra que move, não é você... Este é um ponto muito importante: não é que o dançarino vem ao palco e começa a se mover... E todos podem seguir estes movimentos... São belos movimentos, um belo estilo... Mas não é nada. O dançarino vem, mas, através da sua existência algo ao redor dele surge... O vento vem... ou a chuva... ou qualquer coisa em que ele se transforme. Se você cria essa situação, é muito maior do que se você vem explicar algo... Ou vem dizer: "olhe como eu danço"... Não! Olhe atrás de mim como a sombra existe! Olhe agora: a chuva está chegando. Essa criação, essa situação, eu gosto muito mais. E nesse momento você já desaparece, você já não está aqui, mas na realidade isso é tudo. O que nós podemos fazer mais? Nós não precisamos de mais nada.

Aqui chegamos a um ponto importante, no qual já havíamos tocado em nosso primeiro encontro: a atmosfera exalada dissolvendo as formas visíveis, agenciando as linhas de força ao redor do corpo.

Como o vento que não se pode ver, a não ser através de algum meio. Ou a imagem projetada do mover de milhares de folhas através da vibração abaixo da pele de um corpo agitado por microações *não visíveis.*

O seu espaço [do dançarino] deve ser criado, realmente construído a toda a volta do seu corpo, sem que se confunda com o

123

espaço objetivo: é o espaço do corpo, "meio" onde, precisamente, o seu corpo se extravasa a cada instante, "aí", perdendo o seu peso. [...] O espaço do corpo é o corpo tornado espaço.[7]

Temos, assim, um espaço de forças que rodeia o corpo do ator/dançarino criando um território energético.

José Gil nos propõe uma diferenciação entre *ver* e *olhar*, a qual acredito que possa nos auxiliar nesse tema: "para ver é preciso olhar; mas pode-se olhar sem ver"[8]. Para ele, o olhar implica uma atitude e uma aproximação, a ação de olhar sugere uma participação, "o olhar não se limita a ver, interroga e espera respostas, escruta, penetra e desposa as coisas e os seus movimentos"[9]. E a atitude de olhar e não apenas ver, faz com que o meu olhar envolva os objetos numa atmosfera que acaba também por me envolver, por me tornar parte. Olhar é entrar numa atmosfera de pequenas percepções. Olho e sou penetrado, refletindo a mim mesmo. O meu olhar dá forma às forças do invisível.

A atmosfera compõe-se de miríades de pequenas percepções, uma "poeira" atravessada de movimentos ínfimos. Na atmosfera nada de preciso ainda é dado, há apenas turbilhões, direções caóticas, movimentos sem finalidade aparente. Contudo, a atmosfera anuncia – ou pré-anuncia, faz pré-sentir – a forma por vir que nela se desenhará: a atmosfera muda, então, torna-se *clima*, define-se, assume determinações e formas visíveis.[10]

A atmosfera compõe-se de um espaço de forças de pequenas percepções. O olhar escava esse território, rompendo com a forma e se reunindo à força, irrompendo a superfície e mergulhando na percepção do invisível irradiado pelo corpo.

Tadashi associa atmosfera à união do imaginário ao concreto, a ação real e presente conectando-se ao imaginário da situação, dando a possível atmosfera da composição. Associa a

---

7. J. Gil, *Movimento Total*, p. 17.
8. Idem, *A Imagem Nua e as Pequenas Percepções*, p. 48.
9. Ibidem.
10. Ibidem, p. 52.

atmosfera ao cheiro: *o movimento da dança deve ter um cheiro. Algumas vezes cheira muito forte: algumas vezes, é tão maravilhoso e leve, em outras, cheira mal. Cheirar significa a atmosfera do movimento. Nem sempre deve ter o mesmo cheiro. Algumas vezes, cheira mal. Como você pode se movimentar com esse cheiro ruim? Como sua imaginação é colocada no corpo? Ou cheira tão forte como pimenta. Como é esse movimento?*

Percebo que Tadashi conduz a criação dessa atmosfera partindo do corpo concreto, da investigação de diferentes possibilidades corpóreas, de um trabalho artesanal sobre o próprio corpo. Ouço-o sempre dizendo: *cada mão tem cinco dedos e cada dedo pode mover-se diferente, com um diferente caráter.* E, muitas vezes, associa a atmosfera à projeção de um imaginário, profundamente real e concreto, em cuja projeção o ator/dançarino precisa "crer", ou melhor, estar a tal ponto conectado com a imagem projetada tornando-a real para si mesmo e em consequência para aquele que a recebe. O olhar que mergulha e participa da ação. Como no exercício descrito no primeiro encontro utilizando um pano e um balde e o universo de imagens e tensões contidas na interação com esses dois objetos. A imaginação em nenhum momento vem dissociada da ação concreta que a encarna. Por vezes, ele chama a atmosfera de aura ou estado de espírito.

Materialidade da Imaginação

> *O ator que, acreditando no que vê,*
> *faz os outros enxergarem.*
>
> TADASHI ENDO

Miopia

a mãe nasceu assim, de vista curta.
e nem sabia.
só sabia que o mundo era confuso, de tardinha escurecia e o mundo partia.

só sombra e um medo danado.
diziam "olha o rio, vai pela pinguela".
pinguela?
sabe o que é? é aquela ponte estreita que cabe um só.
a mãe sabia o que era mas não via e não entendia.
depois ganhou óculos, já menina grande.
aí entendeu.
o mundo "tava todo ali, o problema era ela".

Tadashi: *para mim, essa pinguela, essa ponte estreita, é muito simbólica. Quando tem um rio e uma ponte, todos devem ir para o outro lado e então eles usam a ponte. Se você não vai para o outro lado, você não precisa da pinguela. Este lado e o outro lado. Este mundo e o outro mundo. No Japão, se você morre, você tem que ir para outro mundo e para isso você tem que nadar para alcançar o outro lado. E algumas pessoas que não sabem nadar muito bem não podem morrer, e então elas retornam. Assim, você deve nadar para morrer. Este lado e o outro lado. Cruzar o rio significa "morrer". E para mim é muito simbólico. Porque ela não podia ver a pinguela. Talvez porque ela não precisasse ver a pinguela. Nós temos medo quando não vemos a pinguela... Ela não precisava da pinguela. Só ela podia ver aquilo... Algumas pessoas cegas podem ver muito mais do que a gente pode ver, porque elas nunca estão orientadas pelas coisas visuais. Mas nós, que dependemos das coisas visuais, se de repente fica escuro, nós temos medo porque não podemos ver. As pessoas cegas não têm essa dependência: há um outro nível de percepção disponível para elas todo o tempo.*

A busca de um outro nível de percepção. Cruzar o rio significa morrer. Não devemos sempre cruzar o rio para atingir a outra margem? O rio que me liga ao desconhecido, também ele, elo misterioso. O quão perigosa é essa travessia? Até onde sou capaz de me arriscar nas águas ora turbulentas, ora calmas, barrentas ou cristalinas? A morte como condição primeira para se transportar para a outra margem. Este mundo, o outro mundo. Tenho que me lançar, deixar-me morrer para nascer.

Experimentações.

Como seria olhar sem a interferência da mente que pensa sobre o que olha? Como seria ouvir sem a interferência da mente que pensa sobre o que vê?

Sala vazia. Uma janela aberta. Cortinas ao vento. Um ventilador em um dos cantos. Sol entrando pela janela.

Pontos de orientação. Olhos vendados, comandos me ditavam pontos precisos pela sala, que deveriam ser encontrados. Eu tinha um mapa na cabeça, desenhado quando ainda de olhos abertos, onde um ponto era referência para a localização do próximo. Se a janela está ao fundo, nas minhas costas, e posso "vê-la" através do vento que roça minha pele, então, consequentemente, à minha direita estará o ventilador. E assim, por diante, ponto a ponto fui me localizando e seguindo as coordenadas dadas. Muito simples.

Até o momento em que o primeiro ponto de referência, a janela, por exemplo, não era a janela, era apenas a parede branca lateral. Assim, todo o mapa se desconfigurou. A parede branca tornou-se para mim janela, sob a qual me deitei e tomei sol. E assim a janela se fez. Concreta no meu imaginário. Nesse momento, eu não tinha dúvidas, o vento roçava minha pele, o sol avermelhava meu espaço negro. Então, qual era a realidade para mim e para quem me observava?

Assim, quando você foi para a posição errada. Não tinha janela e você deitou sob a janela... Por que não? O vento vem da janela. O brilho do sol... E isso acontece no teatro. Nós fazemos a decoração teatral... Não uma decoração de teatro naturalista, mas o público pode ver... Isso tudo é possível no teatro. Se você acredita que ali tem uma janela, então a janela existe. E se você acredita que aqui existe uma flor, então realmente existe a flor. Mas todo mundo sabe... Você não é louca... Todo mundo sabe que não existe uma flor real. Mas no teatro é possível e acontece a realidade. Isto é uma borboleta. Então, é um pouco louco se você faz isso no meio da cidade... Mas no teatro todo mundo aceita... É esta a mágica e depende dos atores e bailarinos... Se você acredita naquilo que faz... existe. Se você acredita, então aqui está a janela. Esta é a janela. Então, finalmente o público aceita. Mas se você não acredita... "Talvez não seja uma janela." Então nós também perdemos a orientação: "O que ela está fazendo?" E nós não podemos seguir aquilo que você faz. Assim, é importante acreditar naquilo que você faz e as pessoas cegas podem fazer isso, porque elas têm uma outra possibilidade, que é ver aquilo que nós não podemos ver.

A vivência da cegueira potencializa a criação de imagens, preenchendo as lacunas do percebido, gerando a fantasia. A imaginação, aqui, aparece como "capacidade da consciência de fazer surgir objetos imaginários, que permite com que nos relacionemos tanto com o ausente, quanto com o inexistente"[11].

Outra experimentação.

A cegueira provoca a imaginação. As forças do espaço ganham formas.

Agora o que serve de orientação são palavras guias retiradas do poema e do universo por ele sugerido, em substituição aos pontos no espaço. Rio, ponte estreita, árvores, água, vento, pássaros. Perambulo por entre imagens.

Onde você está? O que você vê?

Árvores ao redor.

Veja as árvores ao seu redor. Quão grandes elas são? Mova-se entre elas. Você pode sentir o vento? Pode ver o vento nas folhas que se movem? Pode cheirar o vento? Quão velhas são elas? Pode ver os pássaros?

Só os sons.

Como é ver os sons? Eu nunca vi, mas você pode. Como é ver o som? Você ainda está entre as árvores? Sim ou não?

Sim.

Caminhe por entre as árvores, mas não as toque.
O que você vê agora?

---

11. P. Leonardelli, *A Memória Como Recriação do Vivido*, p. 138.

Um riacho, um rio.
A água está fria?
Sim.
O quão fria?
Fresca.
O sabor da água é bom?
Sim.
Você realmente acredita que o sabor é bom?
(Silêncio.)
De onde vem a água?
Da montanha.
Onde está a montanha? Onde? Olhe para ela.
(Olho.)
Quão alta é a montanha?

Comentários de Tadashi após a experimentação: *Através do seu movimento eu fiz minha fantasia, mas nos seus movimentos eu não acreditei. Nós vimos que você estava imaginando, mas não estava concretizando os movimentos da sua imaginação.*

Sim, eu posso seguir onde estão os pássaros, onde estão as árvores, a montanha... Você fez esse retrato ou essa decoração no palco para nós e eu posso acreditar nele. Mas eu não estou certo se você realmente acreditava ou não. Você deu alguma coisa e então eu posso imaginar onde está o passarinho, onde está a árvore... Mas ainda é a minha fantasia. Eu acho que a minha fantasia é diferente dos seus movimentos. E me parece que a minha fantasia é diferente desta que você me mostrou através dos seus movimentos. Eu fiz minha fantasia através e depois dos seus movimentos. Mas o quanto esse riacho parece real? E essa montanha?

Sobre a água. Quão fria era a água? Quando você teve essa experiência? Alguma vez você bebeu água de um rio que vem das montanhas? Ponha a imaginação (memória) dessa sua experiência de vida. Essa seria uma real orientação que você pode acreditar porque você a viveu... não é uma espécie de fantasia. E você pode descobrir, naquele momento, que há três anos você teve essa experiência. Talvez em Belo Horizonte ou em Rio Preto, num riacho do qual você pode se aproximar e experimentar: oh! água fresca, gosto bom e tudo aquilo que você fez. Assim começa a sua própria fantasia memória, mas vinculada à realidade do passado. De outro modo, é tudo aleatório. Você pode fazer qualquer coisa: qualquer fantasia existe, mas não é de fato uma verdade. Quando você trouxe pinguela, você conhecia e viu a pinguela. Não foi uma fantasia. Você deve lembrar desse dia em que você caminhou e atravessou o rio por uma pinguela. E então, toda essa experiência de vida vindo aqui, na realidade teatral: nisto você pode acreditar, existe realmente o riacho. Em alguns momentos eu não acreditei realmente naquilo que você fez. Você tentou imaginar, mas você não acreditava naquilo. Quão grande é a árvore? Como cheiram as árvores, como as folhas dessa árvore se movem? Claro que a gente nunca pode controlar. Só você mesma pode controlar isso. Mas não conte uma mentira...

Como não mentir? Como adentrar nesse espaço de vizinhança entre o meu corpo e a corporeidade da imagem projetada? Construir um estado de percepção onde o meu corpo e o espaço de forças que o rodeia se fundam em um só, em metamorfose contínua.

Não fixar a imagem, mas vivenciá-la transformando-a.

Houve um momento, quando você viu a montanha, que foi muito bom porque ali, muito repentinamente, houve uma mudança. O espaço tornou-se amplo, não mais só este espaço fechado. Então tinha algo perto, o microcosmo; e algo muito alto, muito longe, o macrocosmo. É assim que acontece no teatro. No teatro tudo é possível. Se você diz: aqui está o rio, o rio existe. Se você diz: a chuva vem, a chuva vem. É desta mágica que o teatro real existe. Você tem que acreditar.

Difícil, não?!

É claro. Se fosse fácil, nós não precisaríamos trabalhar.

No momento em que estou realizando a ação, quando a imagem vem, parece que tenho que persegui-la para que ela se instale... E eu sinto que ela é capaz de escapar a qualquer segundo... E, ao mesmo tempo que vem a imagem "rio", "água gelada", quando você põe a mão você não sente a água gelada... Eu não sentia a água gelada e então qualquer reação que eu tivesse pensando na água gelada seria mentirosa.

Não, não, esta também é uma boa possibilidade: você põe a mão dentro da água e nesse momento a água não existe ainda, mas logo em seguida você pode encontrar outra coisa... Não é só água... Mas o que tem no fundo... Tem areia... E nessa areia tem um inseto e você começa a brincar com ele... E esse também é um modo de você ir criando mais, mais e mais.

Entendo. E não fixar uma imagem e tentar fazer com que ela fique... Não ficar seguindo somente aquela imagem. Porque assim que eu pus a mão na água, já me vieram as pedrinhas embaixo... Mas é como se eu precisasse mostrar primeiro a água.

Para quem você mostra? Para você ou para nós? Você deve mostrar para você mesma, não para mim. Também a árvore. Onde estão as muitas árvores? As árvores grandes? E muitas pessoas estão de pé ao meu redor! Oh, eu não estou pronto! É como a morte. Oh, o que é morte? Eu também sou a morte. Você deve ter uma crença. Talvez uma destas crenças desapareça, mas então qual é a próxima? Você deve procurar continuamente. Você não pode manter uma imagem por um longo tempo... Areia... E só. Nunca. Muitas vezes vem a imagem e ela deve estar sempre mudando.

Na experimentação acima, o fato de estar de olhos vendados me conduziu automaticamente a um outro estado de percepção, a um território onde o ambiente em torno ganhou uma dimensão ampliada, e os demais sentidos tomaram a frente. A pele se agigantou e pude ver o vento. Mas percebo, pelos comentários de Tadashi, que a imagem criada por mim não habitou meu corpo e talvez sequer tenha sido projetada por ele. Creio que vivi a imagem como algo externo a mim. Desenhei com meu corpo a imagem percebida a ponto de sugestionar a quem assistia, mas não a ponto de assumir sua corporeidade e multiplicar-me.

131

To Be – Trocando os Ossos

Não conte uma mentira... "To be" é também crença real, como aquela de uma criança pequena que brinca com os brinquedos... Uma ambulância (brinca como criança), *mas eles tentam realmente dirigir e brincar de carrinho... E quando, num choque, quebra um brinquedo, eles choram e ficam tristes não só porque o brinquedo quebrou. Não: foi um acidente. Isto causa dor e eles acreditam. Quando nós fazemos isso, como adultos, vira um pouco de loucura: mas não nas crianças. Nelas, não é loucura. Essa ingenuidade das crianças é importante... Acreditar na brincadeira...Também Zeami escreveu algo parecido com seu* Ken Kotsi Da Tai. Ken Kotsi *significa: trocando os ossos. Da Tai significa: escapando do corpo... Você encontra um gato... (faz algo e se aproxima do gato se relacionando com ele)... Neste momento você troca os seus ossos por aqueles de um gato. Então neste momento você escapa do seu corpo e o coloca naquele de um gato. E o gato vê você: "Ah, sim, chegou meu amigo, então podemos brincar juntos." Neste momento acontece* Ken Kotsi Da Tai; *alguma coisa acontece, é uma metamorfose real. Não é uma maneira intelectual de mudar seu estilo ou posição do corpo... Você realmente é um tipo de louco... E o seu corpo muda nesse momento e acontece algo que nós não podemos entender, e causa uma fascinação. E o público diz: "O que aconteceu com Cris, o que ela está fazendo?... Parece tão louco, o que está acontecendo?" E isto é fascinação: ser gato. E você acredita.*

Posso ser gato, peixe ou árvore?

Se o corpo é movimento e fluxo constantes, nunca em repouso, em agitação contínua através de micromovimentos, o devir-outro é possibilidade permanente do corpo:

O devir-outro parte de uma situação já instável, de disposição para o devir. O corpo deve ser definido como um complexo de possíveis, a cada momento dado: vira-se para outra coisa que não é ele próprio. Mas os possíveis não são unicamente função da anatomia e da fisiologia do corpo que os limitariam a potencialidades motoras; são sobretudo função da imaginação corporal (que cria as condições de exercício da percepção e da ação): os possíveis são aqui os possíveis atualizados pelo ponto material nos seus devires.[12]

Ser gato, peixe ou árvore, será simplesmente uma metáfora? Uma imagem externa a mim, que persigo e represento? Ou é possível habitar essa imagem árvore, a ponto de nela me fundir e através dela continuar sendo? Não como seu tradutor, mas como seu habitante.

Não seria essa "imaginação corporal", como nos diz Gil, que amplia os estados perceptivos e de ação, o equivalente ao acreditar do qual nos fala Tadashi? E ainda, não seria esse acreditar como algo concreto, um sentir-pensar-perceber em ação, sem filtros que nos coloquem a dúvida sobre essa possibilidade de vir a ser algo além de minha própria corporeidade?

Tadashi usa algumas vezes a palavra imaginação também num sentido diverso, "ah, isso foi apenas sua imaginação", quando quer se referir a algo como uma projeção mental que não encontrou eco no corpo. Para que eu não caia nessa armadilha pelo simples fato de criar uma imagem mental, eu devo crer em sua materialização.

Gil também nos coloca essa questão, de maneira diversa:

Para que haja devir-outro, para que alguém consiga "entrar" na pele do outro, tem que se realizar uma metamorfose completa de si próprio; não basta imaginarmos simplesmente peixe (desencadeando o trabalho de uma "faculdade" ou de uma "função") para nos tornarmos-peixe; ao mesmo tempo, teremos que deixar de ser homem, de viver o corpo como corpo humano, e nos deixarmos atravessar pelas energias e intensidades do peixe.[13]

Aqui, percebo uma diferença fundamental entre explicar uma imagem ou ser essa imagem. O explicar me parece algo externo a mim, no qual não me incluo. Como um filme que assisto de fora da tela, sentada na poltrona. O ser e estar

12. J. Gil, *A Imagem Nua e as Pequenas Percepções*, p. 294.
13. Ibidem, p. 293-294.

133

me tornam parte e permitem que eu me multiplique, que eu escape do meu corpo e troque os ossos.

Tadashi nos conta uma história sobre essa diferença fundamental: *Muitos anos atrás, durante um* workshop, *eu contei sobre Zeami – Zeami é um mestre nô e escreveu* Kadenshô: O Segredo da Flor, *e escreveu também catorze livros, depois da morte de seu pai. Ele encontrou dois jovens estudantes atores que deveriam representar a "avó", a "mulher velha". E eles tomaram algum tempo – eu não sei quanto tempo, talvez três semanas ou três meses – e então finalmente aconteceu o teste de avaliação. O primeiro jovem ator aprendeu realmente como uma "mulher velha" é. E praticou um estilo de corpo, com a voz modificada. O segundo estudante não fez o estilo "velha mulher", não modificou a voz da mulher; mas Zeami escolheu este segundo estudante. Ele era melhor que o primeiro. Por quê? Este segundo estudante, nestes três meses, visitou sua própria avó. Sua avó explicou a sua vida para ele; às vezes saíam para um passeio, olhavam os pássaros, o lago, os peixes. Todos os dias ele estava apenas olhando e escutando, mas ele não imitava o seu jeito. O primeiro estudante aprendeu realmente. Ele era tecnicamente perfeito em como reproduzir o corpo, a face, o modo como a "velha" falava, tudo, tudo. Por que então Zeami escolheu o segundo estudante? O que nós queremos ver não é esse estilo perfeito que o estudante fazia como "velha mulher". Ele podia representar fantasticamente. Mas o segundo estudante... ele era "avó". Ele não era mais ele. Ele não representava, mas sua existência – ele era como uma figura dupla – se modificou completamente por causa da sua coleta de memória, histórias antigas, exercícios passados... E este é o ponto mais importante. Então ele escolheu o segundo estudante.*

Seja na recriação de corporeidades observadas no cotidiano, seja através de imagens pictóricas vistas ou imaginadas, me parece que a aproximação passa por princípios semelhantes, encontrar no corpo "através da concretude da fisicidade, partículas que entrem em contato com essa corporeidade/fisicidade observada, criando um corpo-subjétil com espaços de confluências, vizinhanças e ligações orgânicas entre o corpo do ator e o corpo observado"[14]. E não é através da execução fiel da imagem imaginada ou observada que chegarei a esse estado intenso de confluência, mesmo que a fidelidade seja o ponto de partida. Tenho que ir além na construção dessa corporeidade, gerando um espaço "entre" para que as ações que possam surgir sejam recriadas dentro dessa zona de contágio. O segundo estudante não tentou travestir-se de outro que não fosse ele mesmo afetado pelo contato afetivo-físico-emocional com a avó. Em sua busca de devir-outro, continuou sendo o que é.

Memória

Um corpo tem muitos corpos dentro de si.

TADASHI ENDO

Construindo a velha.

Confesso que fiquei com medo. Uma velha, de novo! Em minha trajetória de atriz, através da linha de pesquisa da mimese corpórea, a recriação da corporeidade dos idosos foi o tema mais presente[15]. Pensei em fugir, com medo de me repetir. Aos poucos, o medo se transformou em desafio.

---

14. R. Ferracini, *Café Com Queijo*, p. 227 e 228. Segundo Ferracini, um corpo-em-arte não pode ser conceituado como uma ponta de um dualismo, mas como um corpo integrado e vetorial em relação ao corpo com comportamento cotidiano. Ferracini chamou, então, esse corpo integrado de corpo-subjétil. O conceito não é um ponto ou outro de uma dualidade, mas uma diagonal que atravessa essa dualidade abstrata e todos os pontos e linhas entre.

15. O resultado dessas pesquisas já havia sido publicado em três espetáculos distintos: em 1993, *Taucoaua Panhé Mondo do Pé*, quando ainda aluna do Departamento de Artes Cênicas da Unicamp, dirigido por Luís Otávio Burnier e orientado por Carlos Simioni e Ricardo Puccetti, vivenciando durante o processo de montagem do espetáculo minha primeira viagem de pesquisa de campo partindo da metodologia da mimese corpórea (reflexões sobre esse processo encontram-se no livro *Tal Qual Apanhei do Pé: Uma Atriz do Lume em Pesquisa*, de Raquel Scotti Hirson, atriz do Lume e companheira de trabalho desde então); *Contadores de Estórias*, dirigido por Ricardo Puccetti em 1995, logo após o falecimento de

Quando o primeiro esboço do espaço-tempo poético se delineou, em torno do nono dia de trabalho, a velhice em sua contenção e lentidão foi definida como o movimento inicial. Já havíamos vivenciado essa qualidade corpórea desde o nosso primeiro encontro em 2008 e ela se mostrava como uma das forças poéticas desse processo.

Meu desejo guia para a construção da poética sempre esteve vinculado ao tema da memória, mais especificamente memórias de infância, pressionadas pelas vivências que trago, relacionadas à mimese corpórea e à dança pessoal e ao encontro com o butô de Tadashi Endo. Minha ação primeira foi a poetização dessas vivências de infância em pequenos fragmentos de memória, poemas curtos que, traduzidos para o japonês, criaram a ponte de comunicação entre meu universo vivido e o do Tadashi. Não me interessavam especificamente as lembranças de infância, mas sim como seriam capazes de detonar poéticas no presente.

Até o oitavo dia de trabalho, a cada dia explorávamos determinado número de poemas. Começamos com um por dia e fomos ampliando dia a dia. Eram como pequenas pílulas poéticas, iniciadas em doses homeopáticas, capazes de nos alimentar por todo um dia de trabalho.

Alguns poemas nos rendiam horas de aproximação e experimentações, eram virados e revirados, num fluxo contínuo que circulava entre as minhas percepções e as do Tadashi:

Luís Otávio Burnier, fruto também do vasto material coletado na primeira viagem e *Café Com Queijo*, criado coletivamente com mais três atores do Lume, Renato Ferracini, Jesser de Souza e Raquel Scotti Hirson, em 1999, uma "colcha de retalhos" de relatos coletados em viagens realizadas para o Amazonas em 1997. Reflexões sobre a mimese corpórea e relatos sobre as viagens de pesquisa de campo podem ser encontradas em publicações do Lume, através de artigos na *Revista do Lume* e nos livros: *A Arte de Ator: Da Técnica à Representação*, de Luís Otávio Burnier, *Café Com Queijo: Corpos em Criação*, de Renato Ferracini e *Da Minha Janela Vejo... Relato de Uma Trajetória Pessoal de Pesquisa no Lume*, de minha autoria.

Velas

'tá lá a vó, suspensa na sala, quatro velas.
nunca vi vela tão grande.
a mãe chora, o pai caminha em zigue-zague,
gente grande tanta tanta, a sala encolhida,
a vó parece ser a única que tá feliz,
nem acorda com a barulheira toda.
eu 'tô de vigia, minha missão é não deixar a vela apagar.
dia bom, hoje nem precisei ir pra escola.

Outros eram visitas rápidas, imagens fugazes que tocavam e partiam, indo se refugiar em recantos que só seriam manifestos além:

Pedra chovida

quando chovia forte, de rebentar o verão,
caía pedra do céu.
pedra gelada.
assim que a chuva amainava e a mãe deixava,
eu saía correndo com pote na mão pra juntar pedrinha e chupar
nem sorvete sem sabor.
de gulosa guardava um tanto pra chupar depois.
inteligente que eu era, punha no congelador, pra pedrinha durar
pra sempre.
mas isso, só descobri depois de muita tristeza de ver pedra virar água.

Alguns causavam angústia e se cravavam nos ossos, aparecendo nos sonhos de noites mal dormidas (que foram tantas!):

Suicídio ameaçado

memória miúda, de infância primeira,
a voz da mãe ecoando lá no fundo,
"vou me matar, mas primeiro vou matar você,
o que você faria sozinha nesse mundo sem mim?"

Os pequeninos davam alívio e vontade de sorrir:

Muda de roupa

quando criança, muda de roupa o pai só tinha uma.
em dia de lavagem de roupa, o pai passava o dia trancado
no quarto.
pelado pensando,
pelado comendo,
pelado esperando.
e se chovesse?

Trouxe para a sala de trabalho meu pai, meu cachorro Dick, minha avó, minha mãe, eu miúda, a Tia Teresa, as tardes de verão com fortes trovoadas, o medo, a solidão, a loucura da mãe. Memórias vividas, memórias ouvidas, memórias fabuladas, todas minhas agora. Minhas, não porque teria sua posse, minhas, porque cravadas a fogo lento. Minhas, porque através delas sou. Minhas, porque são parte de um passado conjugado no presente, que vive num tempo que É, eternamente, e não era, "pois ele [o passado] é o em-si do ser e a forma sob a qual o ser se conserva em si"[16]. Num presente que ERA, por ser puro devir, não sendo ele age, "seu elemento próprio não é o ser, mas o ativo ou o útil"[17].

Nesse tempo presente que não para de passar, em relação com um passado que não para de ser, essas memórias foram sendo pressionadas e foram exercendo pressão sobre toda a criação. Delas surgiram imagens, corpo, atmosferas, cheiros, água.

Fui sendo fisgada, penetrada, rasgada, por esses fragmentos de memórias, que recaíam sobre cada gesto meu, formando camadas de sensações que se interpenetram em minha percepção.

Encontrei em Amós Oz um sentimento semelhante e faço um pequeno desvio, que espero seja prazeroso:

Cinquenta e cinco anos mais tarde, ao escrever num caderno sobre aquela noite, sentado à mesa do jardim em Arad, sopra de novo aquela

16. G. Deleuze, *Bergsonismo*, p. 42.
17. Ibidem.

mesma brisa da tarde, e da janela dos vizinhos também nesta noite se derrama o líquido grosso e amarelado da luz elétrica, denso como óleo de motor – conhecer, nós nos conhecemos já faz muito tempo, é como se não houvesse mais surpresas. Mas há: pois a noite da pedrinha na boca no quintal em Jerusalém não vem a Arad para reviver coisas esquecidas ou para trazer saudade e melancolia, mas, pelo contrário, aquela noite cai sobre esta noite. É mais ou menos parecido com a mulher que conhecemos há tempos, já não atrai mas também não deixa de atrair mas sempre que nos encontramos ela diz mais ou menos as mesmas palavras surradas, e sempre que nos encontramos ela tenta um sorriso, ou no máximo dá um tapinha convencional no peito da gente, mas desta vez, de repente, ela não, definitivamente não, de repente, ela estende os braços pra você e te toca, e o segura pela camisa, não de maneira educada, mas com todas as unhas, com desejo e desespero, os olhos cerrados com toda a força, a face retorcida como se fosse de dor, insiste em conseguir o que é dela, ela quer, exige, não desistirá, e a ela já não importa o que há com você, não faz a menor diferença se você quer ou não, não importa, ela agora precisa, agora ela não aguenta mais, agora ela avança e se crava em você como um arpão de caçadores submarinos, e começa a puxar e puxar, e te rasga, mas não é ela quem começa a puxar, ela só crava as unhas, e é você quem puxa e escreve, puxa e escreve como um golfinho preto que se debate, o arpão já cravado em sua carne, e ele puxa com toda a força para fugir, puxa e puxa o arpão e espadana na água e puxa também a corda presa ao arpão, e puxa também a boia amarrada à corda, e puxa também o barco dos seus caçadores amarrado à boia, puxa e tenta escapar, puxa e espadana na água, puxa e mergulha no fundo escuro, puxa, escreve e puxa mais, se puxar ainda mais uma vez, com todas as forças, quem sabe se eles desistem, se desesperam, libertam você do que está cravado na sua carne, do que te morde, do que te perfura e não afrouxa, você puxa e ele morde com mais força, você puxa mais e mais, e você nunca vai poder retribuir dor com dor, e essa desgraça que penetra mais, machuca mais porque é ele o caçador e você é a presa, ele é o arpão e você é o golfinho, é ele quem dá, e você é quem pega, ele é a noite que aconteceu em Jerusalém, e você é esta noite aqui, que acontece agora em Arad, ele é seus pais que morreram, e você puxa e escreve.[18]

Deixamo-nos invadir pelas imagens poéticas, que nos conduziam por labirintos. Buscamos sublinhar cada

18. *De Amor e Trevas*, p. 284-285.

momento em que uma forte paixão brotasse através dos poemas, reduzindo-os a poucas palavras. Palavras potência, capazes de deflagrar estados, muitas surgiram e foram sendo decantadas até se reduzirem a cinco,

Vento　　　　Chuva　　　　Travessia

Doença　　　Herança.

Elas pareciam conter a síntese de todos os poemas.

Importante frisar que em nossa criação não pretendíamos "solucionar um problema", do tipo como colocar os poemas na cena ou como traduzir essas memórias para o corpo. Deixamos que o caminho escolhido e as especificidades do trabalho nos levassem a essa dilatação da memória. Percebo que o trabalho da maneira como o Tadashi o conduz é construção de memória em tempo permanente. Trabalhamos todo o tempo com a micropercepção muscular, criando nuvens de possibilidades de devir. Árvore ou velha. Flor ou espinho. Avó, mãe, filha. Multiplicidades. Muitas vezes essas afetações sequer chegavam à consciência, eram sensações, acontecimentos. E nessas memórias vividas algo vívido pulsava que a diferenciava de outros acontecimentos.

Para a construção da dança da velha, não utilizei a observação de ações do cotidiano como nas experiências anteriores com a mimese corpórea. A dança foi sendo construída antes mesmo que soubéssemos que ela estaria na cena, como qualidade de vibração e espaços corpóreos. Seguramente, toda a vivência anterior com a mimese de idosos era uma camada permanente, presente em todas as ações executadas. Elementos como ritmo, respiração, musculatura condensada, vulnerabilidade do corpo idoso, entre outros, eu já havia experienciado seja em sala de trabalho, seja em sua transposição para a cena. O que me levava a um lugar conhecido e com certa dose de conforto, mas também me desafiava a ir além e buscar outras entradas, possíveis através das especificidades do trabalho proposto por Tadashi.

A velha foi se vestindo de camadas, finas películas, árvore, vazio, vibração, atmosfera, memória, imagens.

No início da construção da corporeidade da velha, minha única preocupação era com a manutenção da forma física. Pernas separadas, peso na parte de fora dos pés, joelhos flexionados voltados para fora, púbis projetada para frente, peito pesando para baixo, braços levantados na altura dos ombros, cotovelo para fora, pulso quebrado para baixo, espaço entre os dedos, tensão nas mãos, pescoço e cabeça projetados para frente, lábios escondendo os dentes, sobrancelha levantada, olhos espremidos. O desenho corpóreo foi se tornando cada vez mais nítido e todo meu esforço era no comprometimento muscular que essa postura me exigia. Como deslocar o peso, realizar pequenas ações, olhar, respirar. Ficávamos improvisando longamente dentro dessa qualidade, o que me exigia muita concentração. Eu não pensava em fazer um corpo velho, ou reproduzir uma velha observada. Eu nada pensava. As dificuldades eram reais, físicas, efetivas, sensoriais e não precisavam ser imaginadas. Essa concentração absoluta, num esforço real, mostrou ser a chave, o ponto central de entrada para essa dança. A partir daí, pude ir vestindo outras camadas e construindo a atmosfera à volta.

Toda a ação se passa num tempo dilatado, com pouquíssimos elementos externos que dariam suporte para a instalação da atmosfera. Meu maior desafio é a instalação do espaço tempo poético me apoiando no corpo e no espaço projetado por ele.

Sempre brinco dizendo: "essa cena não é nada". No tempo cronológico sua duração é de vinte e cinco minutos e faço pouquíssimas ações. Toda ela está apoiada na intensidade e qualidade da energia empregada. Tenho descoberto esse "termômetro" no decorrer dos dias.

Em um dos ensaios, quando fui mostrar a cena recém--construída para o Greg, caprichei! Esmerei-me ao dançar a velha, senti prazer, brinquei, dei um colorido aqui, outro ali e quando a cena findou, só fiquei aguardando algum comentário positivo do Tadashi. Afinal, eu estava inspirada nesse dia! E, para minha surpresa, ouço o seguinte comentário: *Seu estilo da velha tem se tornado mais e mais como uma bruxa de conto de fadas. É perigoso porque se aproxima demais do teatro. A velha deve dançar. Como dançar e movimentar a velha, só... sem acrescentar trejeitos exagerados?* Esse dia foi um dos mais importantes. Nele percebi o fio tênue que guiava a cena. Energia de menos, deixava-a vazia, lenta, fechada em mim mesma, ocupando apenas um pequeno espaço à volta. Intensidade demais virava "teatro", a velhinha em seu mundinho ilustrando ações. Ter "errado" nesse dia foi um presente, me fez vivenciar limites possíveis e ampliar o respeito por esse fragmento do espetáculo, no sentido do tamanho do desafio que ele me propõe. A dança da velha encontra seu espaço poético na micropercepção. Dançar a contradição entre um corpo ressecado, velho em seu exterior, mas que mantém sua juventude pulsando internamente através das memórias que cultiva. O corpo velho que tem a memória do corpo novo.

Também um corpo não é somente um corpo. Um corpo tem muitos, muitos corpos juntos dentro de si. Você tem um corpo, mas dentro dele você tem um outro com cinco anos de idade. Este corpo você não o perdeu, é certo que você o manteve. Quando você está grávida e com barriga grande, este corpo também você ainda o retém em si, muitos corpos juntos em um só. E se você se move, algumas vezes um outro corpo vem mais forte, que é rapidamente mudado. Ou algumas vezes as pessoas dizem: Oh, você parece com a sua filha! Por que não? Porque você também tem três anos de idade e este corpo torna-se um bebê.

Ou meu próprio corpo jovem carrega a memória do corpo velho?

Ambos os caminhos são possíveis. De um lado um modo técnico e físico... Nós temos que tentar... como é esse estilo da "velha muito grande". Mas você nunca foi velha. Isto é o futuro. Mas você pode imaginar através da observação de outra mulher velha e da memória da sua própria avó. Mas você nunca foi velha! No futuro, com certeza você será. Mas criança, você já foi criança, esta é uma experiência real. Uma experiência que você já teve... A outra, nunca. No teatro é mais interessante aquilo que a gente nunca foi... De outro modo, teatro autobiográfico ou teatro muito pessoal é chato. Você nunca foi uma princesa, uma rainha... e isto é interessante, porque todo mundo quer ser diferente. Ser uma pessoa louca, por exemplo. E então, para isso a gente precisa ensaiar tecnicamente passo a passo; mas no fim, o que a gente quer ver de você não é que você explique exatamente como era a sua avó. O seu próprio estilo trinta anos mais velho, é isto que eu quero ver de você agora. Este é o ponto. Não a sua própria avó. Para isso você vai ter que fazer uma imitação perfeita de como ela era... não! Você tem que imaginar você daqui a trinta, quarenta, cinquenta anos. Você é uma pessoa de oitenta, noventa anos. Esta velha Cris fala.

FIG. 2: *Velhice – avião*

DESABAFO PELO CAMINHO

Cris – Gente, ontem eu saí com a sensação... Não quero que vocês passem a mão na minha cabeça... Nada disso! Mas ontem eu saí com essa sensação de: "porra, eu sou um engodo!" Sabe? De verdade, saí com essa pergunta: "será que eu menti o tempo inteiro para mim e para as outras pessoas?".

Simi – Quando você me perguntou no restaurante: "Você está desapontado comigo?" Não, eu estava desapontado era comigo porque eu vi exatamente isso ontem: "Meu Deus do céu! Como eu não vi esse tempo todo que a Cris tem essas grandes dificuldades?..." E como eu não ajudei a Cris?... Eu ensinei assim... essas coisas. Claro, tem isso, também que a gente bate com os limites da gente e aí cresce ou não cresce... Mas também tem que estar cercando de todos os lados.

Cris – Eu sei disso, por isso que estou falando que eu não preciso de "Ah, coitadinha." Não, não é assim! Mas eu saí

145

realmente com essa sensação de: "Cara, como é que eu ensino? Como é que eu dou curso, sabe?" Juro: eu saí com essa questão.

Simi – Eu também cheguei a pensar nisso: "Como é que a Cris ensina?".

Luís – Mas é que não tem fim esse processo, né? Eu acho, sinto que ele não tem fim.

Simi – Tem fim o processo de estourar a pedra.

Luís – É, mas o processo de estourar a pedra, criar coisas novas, isso vai se estratificar e aí você vai ter que fazer de novo. Talvez, alguma pessoa que trabalhasse com o Tadashi tivesse um olhar bem afiado, ainda que tivesse uma idade avançada. Mas alguém que começa a trabalhar, por outro lado, talvez veja que ele mesmo não consegue trabalhar sobre si. E talvez ele também tenha essa mesma sensação de engodo, que é normal. Deve ser normal para todo ator...

Simi – Claro, exatamente.

Cris – Eu sinto que tem coisas que você vai digerindo aos poucos. Mas existem alguns de nós que ficam com a sensação que eu estou agora, como se fosse uma explosão: tem que pôr uma dinamite ali e explodir. Aquilo tem que ser explodido pra que de novo, então, você lentamente se desenvolva até que, sei lá daqui a quantos anos, passe por uma outra explosão, não é? É como se esse fosse o momento de explodir coisas!

Simi – Veja bem Cris. Você lembra do Tadashi quando trabalhou com a gente no ano passado com aquele projeto que não deu certo? *Imigration*... Estávamos em sete, aqui, e ele pediu para cada um fazer um movimento e falar alguma coisa. Foi como se cada um de nós estivéssemos falando de nós mesmos. Ele disse: "Ah, eu já sabia que o Simi ia fazer aquilo, que o Ric ia fazer aquilo, que a Cris ia fazer aquilo, etc..." É muito difícil. Porque desenvolvemos nosso estilo e nosso estilo ficou. O único jeito de mudar é quebrando.

Entra Tadashi na sala:

Simi – Estávamos falando sobre ontem, que a Cris saiu completamente desapontada com ela mesma. E ela pensou ontem: "Oh meu deus, eu sou um engodo! Eu engano a mim mesma e aos outros. Meu trabalho não funciona!"

Tadashi – *É! Você está desapontada.*

Cris – Sim! Não! Eu estou bem, mas é que eu tive essa sensação de engodo comigo mesma.

Tadashi – *Para mim é bom sinal. Se você está desapontada ou um pouco na descendente, então é certamente esse o ponto inicial para que você suba. Se todos os ensaios são fantásticos, fantásticos e fantásticos, então chega na estreia e é tudo muito ruim.*

E Tadashi me reconfortava dizendo: *A insegurança é boa condição para a criação.*

Bom, então estou em perfeitas condições!

HA

IDADE ADULTA

RAPIDEZ
RUPTURA

FIG. 3: *Idade adulta – saindo do painel*

Butô-Ma: Caminho Que Torna o Invisível Visível

Quando Hijikata disse: "Este corpo morto começa a andar... Um corpo morto de pé." Esta é uma das frases mais famosas de Hijikata: "Butô é cadáver. Um corpo morto de pé. Um corpo morto que caminha." E Kazuo Ohno disse: "Butô está todo o tempo carregando a morte. Nós nos movemos e todo o tempo a morte está aqui, por isso nós podemos." Este ponto básico é similar, mas o estilo e a maneira de trabalhar são diferentes.

TADASHI ENDO

Após ter trabalhado com três diferentes mestres de butô (Natsu Nakajima, Anzu Furukawa e Tadashi Endo) em períodos distintos, percebo que cada um deles em sua fidelidade aos princípios do butô, construiu sua dança butô particular, com princípios semelhantes, mas com características absolutamente singulares. Parece que para cada dançarino de butô há uma dança butô particular, o corpo e o sujeito como obra.

Essa geração de artistas japoneses, em suas diferenças, mostra-se parte de um pensamento comum, unida por questões do tipo:

dissolver o si-mesmo e garantir uma singularidade das ações, abrir-se para o outro e mergulhar nas profundezas do próprio corpo, testar o informe e construir mediações ainda não experimentadas com o ambiente, desautomatizar o organismo e permanecer vivo, excretar a expressão e habitar o vazio da morte, perverter a motricidade comum e recriar os movimentos não controláveis, subverter o tempo[1].

Kazuo Ohno ampliava o uso da palavra butô:

Quando Kazuo Ohno, um dos dois precursores do butô, falava de uma pintura ou tela, ele falava do "butô" do artista em questão. O termo butô tornava-se, em sua boca, um termo genérico para

1. C. Greiner, *Butô*, p. 9.

151

falar de uma essência de ser, de uma consciência das origens no fato da criação[2].

Tadashi denomina sua dança de butô-ma.

MA, no Zen Budismo, significa "vazio" e "espaço entre as coisas". Butô-MA é o caminho que torna o invisível visível. O mínimo de movimentos permite que a expressão das sensações e das situações cresça à máxima intensidade. É mais importante manter o equilíbrio entre energia, tensão e controle, do que se preocupar com a estética dos movimentos. MA significa estar NO ENTRE. MA é o momento logo no fim de um movimento e apenas antes do começo do próximo. MA é como estar de pé nas margens de um rio, olhando a água que flui adiante. Você quer alcançar o outro lado, mas o outro lado significa morte. Você quer terminar sua vida neste lado, mas ainda não, você está metade aqui e metade lá. Sua alma está esperando por aquele último passo – completamente calma – sem respirar – completamente quieta – nem morta nem viva – isto é MA.[3]

Após a leitura dos poemas abaixo e pela constância da palavra cebola, nossa conversa desse dia de trabalho circulou em torno do tema e Tadashi acabou por fazer um paralelo entre a cebola e o butô.

Sapato

o primeiro sapato da mãe nasceu do pé de cebola.
o vô deu pra ela um cantinho de terra do lado da casa,
o que você plantar aqui é seu.
a mãe plantou cebola, vendeu e comprou um sapato.
aquele pra usar na missa de domingo.

Cebola

a cebola guardada no pilão, com palha por cima escondidinha, era das crianças.
essa era a "mistura", a parte saborosa da comida, que acompanhava o arroz de todo dia.
pilão cheio, uma cebola pra cada uma.

2. N. Masson-Sékiné, op. cit. p. 6.
3. Cf. *Butoh-MA*, disponível em: <http://www.butoh-ma.de>.

pilão quase vazio, cebola ao meio,
metade metade
pra demorar mais pra acabar o gosto bom que acompanhava
o arroz.

Casamento

mãe com dezoito, pai com trinta e oito.
mãe com quarenta quilos, miudinha, olho verde estalado.
acho que a mãe casou com o pai pra comer menos cebola.
mas acho que a cebola incrustou na mãe, que só chorar sabia,
camada por camada.

Uma vez, numa aula-demonstração de butô em Londres, eu falei sobre cebola. As cebolas têm quase sempre o mesmo estilo, a mesma forma. Então, por exemplo, uma cebola é butô. Cada um quer ver dentro do butô, o que é esta dança butô. Se você quer ver dentro, nós podemos descascar a cebola e assim deixamos *a cebola menor. Mas ainda aquilo que nós podemos ver está do lado de fora, não do lado de dentro. Ok, nós queremos ver mais do lado de dentro. Então descascamos mais e a cebola se torna ainda menor mas ainda só vemos o lado de fora. Não é ainda possível ver dentro. Ok, vamos mais dentro, dentro, dentro, dentro... dentro. Eu quero ver o lado de dentro. O que acontece? No fim, não há nada dentro. Algumas vezes é assim que eu sinto o butô. Nós queremos ver dentro e vamos dentro. Se nós chegamos realmente a descascar, de cada um destes movimentos que descascam vem lágrimas. Parece difícil para uma outra pessoa que pergunta: "por que você está sofrendo, você está triste? Por que você chora quando você dança?" Para uma pessoa que olha de fora parece triste, mas é só este trabalho que dá esta atmosfera, como a cebola. Se você não faz isso ninguém chora. Mas você segue indo cada vez mais para dentro e, no fim real, não tem nada. Tudo aquilo que vemos é o lado de fora. O lado de dentro nós não podemos ver. Eu sinto isso às vezes. Talvez butô seja isso que todo mundo quer ver, todo mundo quer sentir, todo mundo quer pegar, mas no fim não há nada.*

153

O Grande Artesão do Corpo

As bases foram estabelecidas logo no primeiro dia de trabalho:

É claro que o trabalho com o corpo é o principal para mim. Corpo e também respiração. Este é o trabalho principal. Independente de termos os seus poemas, ou não, esse é o meu estilo. Na última vez que estive aqui começamos a tocar e trabalhar com diferentes e pequenas partes do corpo: o pescoço, o dedo, a barriga, a orelha. Eu ainda estou pensando em trabalhar nesta direção. Mas nós temos, também cinco sentidos. Para o trabalho com o corpo nós não usamos todos os cinco sentidos. Estes sentidos devem ser importantes para o ator-dançarino, mas nós esquecemos de "cheirar", de "sentir", de "ouvir". Então existe um mal entendido muito grande sobre o que é o trabalho com o corpo. Eu gostaria de tentar conectar novamente com esses cinco sentidos do corpo e talvez também com um possível sexto sentido do corpo.

Todos os exercícios eram realizados com o intuito de ampliar os limites sensoriais e expressivos de meu corpo e detectar "estilos" do meu fazer. Alguns para serem rompidos e transpostos, por estarem demasiado cristalizados, outros para trazê-los para a percepção e ampliar suas possibilidades de expressão. Todos envolviam criação de memória.

Para mim não é tão louvável se alguém diz que eu sou grande artista, mas é louvável se alguém me chama de um grande "homeworker", "artesão". Nós precisamos de muito trabalho para começar a falar com o nosso corpo. Esse é o nosso dever de casa. A arte possui um nível intelectual que não é tão interessante. Se você realmente tenta falar com uma parte do seu corpo você deve realmente tentar. Deixe falar, não sinta como você deve falar. Tentar significa deixar falar. Você fala sempre para frente, nunca fala para trás, nunca fala para baixo, para o lado... Muito pensamento... Você não está realmente sentindo o seu corpo. Para isto ponha o seu corpo em um maior desconforto, um corpo mais estúpido,

mais desequilibrado, descontrolado, menos controle intelec-
tual, algo mais errado. Algumas vezes a sua boca vai para
as costas e dali você fala... Mais desconfortável... Depois a
boca vai à cabeça... Diferentes estilos... Não é pensar sobre,
é menos pensamento.

O Corpo Espástico

Um corpo tem potências e impotências. Tadashi parte da
impotência para a superação de obstáculos, parte da dificuldade para chegar à potência.

Hijikata disse uma vez que o corpo começa a falar a par-
tir do momento que é preso, comprimido, estreitado. Quando
eu vejo os deficientes físicos (Handicapped people), *o corpo*
deles é deficiente, não é livre, o espaço é reduzido, algo como
que quebrado, reduzido. Então eles movem algo e esta é a lín-
gua deles, eles falam assim. Ninguém que tenha o corpo sau-
dável e confortável fala assim com o corpo, porque nós falamos
com as partes. Mas estas pessoas falam assim, é a língua deles.
Eu posso ouvir esta língua. E para os dançarinos, nós preci-
samos exatamente desta língua, desta linguagem do corpo. O
que significa que as partes vão cada uma para uma direção, e
todo o corpo fica tão desconfortável. Isto não é um corpo sau-
dável, simétrico e confortável. É desconfortável mas tem tensão:
eu quero ir para lá, mas eu não consigo... Eu quero ir para lá,
mas eu não posso, e então o corpo começa a falar. Este movi-
mento é um valoroso discurso. O corpo que dança fala uma
língua completamente diferente. Não é japonês, não é inglês,
não é alemão. Ele fala uma língua diferente. Algumas vezes nós
precisamos de uma hora para uma palavra; este é o vocabu-
lário da dança. E algumas vezes o som vem de algum lugar...
Ah! E algumas vezes começa de uma luta em outro... E para
esse jogo você precisa mais de cada junta em especial, não
uma linha. A linha, isto é contemporâneo. Não, espaço, aqui
tem espaço, aqui, aqui; cada junta de dedo busca por espaço.
De outro modo tudo vira uma ginástica contemporânea muito

rapidamente. Assim busque cada espaço no teu corpo, entre as conexões dos ossos; os ossos são conectados e entre os ossos tem este espaço, isto é o que serve para falar. Certamente há que ser um pouco como os deficientes físicos: com espasmos. Quando você vê esses movimentos espasmódicos destas pessoas com dificuldades, eles falam com cada detalhe e é tão fantástico! Aqui eles falam a língua italiana, aqui falam japonês, aqui falam alemão, aqui falam chinês... É tão fantástico porque ali tem detalhe, detalhe. Nós temos todas essas possibilidades e nós não usamos todas essas linguagens, e usamos só uma parte frontal. Você deve usar mais cada junta. Cada mão tem muitos dedos: um dedo para o céu e ao mesmo tempo outro dedo vai para as costas e outro para o centro da terra. E aí você vê como está o ponto de conexão entre cada junta.

É claro que todos estes movimentos têm uma espécie de resistência, porque eles não são confortáveis. Você quer ir adiante, mas algumas vezes você não deve, você deve ir para trás. Quer dizer que há uma resistência, não é um caminho fácil. Mas você insiste: eu quero, eu quero... Não vá, não vá. Sim, eu quero. No lado de dentro, você está lutando com você mesma. Isto é resistência. Às vezes a resistência fica grande e algumas vezes se torna muito leve.

O desconforto, o contraste, a resistência, a desarticulação, a dissociação das partes. O corpo comprimido, o corpo impotente, o corpo espástico. Ruídos, rachaduras, desabamentos. Eu sentia a carne se separando dos ossos. Despregada, dolorida.

Fui ao limite da tensão para dançar o desconforto e ouvia *a tensão está demais no limite, deve ser desconfortável, mas o corpo deve cantar com contrastes.*

Eu buscava uma oposição ao suave, sempre presente na minha dança. Tadashi a chamava de "tai-chi confortável", ou "sonhando com o seu movimento", ou "nadando na água". Fui ao sentido oposto enquanto intensidade muscular, mas mantive a mesma frequência monocórdia, só que agora, no limite da tensão, *ficamos cansados de ouvir, pois você já está no limite.*

Buscávamos a sonoridade da minha dança, descobrir os sons que vibravam em meu corpo: *qual o tipo de som que você tem em si? O seu som interno é pesado? A tensão do movimento e a tensão do som. Tente clarear o movimento pesado em relação ao movimento leve.*

Por vezes, eu dançava as palavras do poema, desconstruídas, sempre conduzida em direção à construção de um novo pensamento em ação, tentando concretamente falar com o corpo. A sonoridade das palavras faladas por mim, a sonoridade das palavras ouvidas pela voz de outro, as provocações sonoras do Greg, todas sempre transformadas em corpo, *você não deve falar só com a sua boca, mas com seu dedo, com seu estômago, trovoada na sua barriga, nos seus olhos, falar com outro corpo, eu falo intencionalmente ao céu com o meu joelho. Qual é o som que sai do seu joelho? Do dedo, do pé?*

Para garantir a extensão da massa vibratória e de memória da carne, o corpo deve ser posto à prova, levado aos limites, acuado, sacudido. Paradoxos e desordem também colocam o corpo à prova de seus limites [citando Hijikata]. "Pôr as orelhas perto dos joelhos para melhor ouvir; sentir que nosso punho é o do outro; ver sem ver com os olhos, mas com um corpo feito de mil olhos, ou somente dançar com os olhos, ou só com a língua, pois cada parcela do corpo contém o corpo todo, e nenhuma parte habitualmente favorecida, notadamente os olhos ou a boca, é diferente uma da outra, de um artelho ou do seu sexo. Ser uma flor que bebe um raio de sol – o humano não é mais importante que um vegetal, pois ele é habitado de todos os seres e de tudo o que eles produzem, do ser vivo e de todas as suas dimensões, de fantasmas e espíritos, da memória individual, coletiva e ancestral. Um mundo sem diferenciação, sem dualidade, sem julgamento, estar no mundo da percepção (e não da lógica), como um bebê".[4]

Mãos amarradas, olhos vendados, jejum, imobilidade, todas as experiências eram construídas como uma prova para os sentidos, como um treinamento para a consciência. A construção de novo corpo que buscava a ruptura com os

4. N. Masson-Sékiné, op. cit., p. 8.

automatismos e cristalizações. Não partíamos das minhas "facilidades" ou conquistas, mas sim das dificuldades e carências. Através da dificuldade criava-se uma necessidade de superação, que levava à ação e que me conduzia ao caminho para "pular o muro" e encontrar um novo horizonte.

A que extremos somos capazes de ir nessa busca?

Loucura

Hospital de doido

a mãe não deu conta sozinha. endoidou.
o médico achou que a gente aumentava a doideira da mãe.
acho que ele pensou que doido tem que ficar com doido e levou ela pra longe da gente.
de domingo podia fazer visita,
acho que de domingo a gente não atrapalhava a doideira da mãe.
viagem gostosa com lanche e roupa nova.
na chegada, a primeira coisa que eu via era a mãe,
de banho tomado, sentada no banco do jardim, sombra de árvore.
aí eu chegava de mansinho, alegria brotando miúda no peito,
só um pouquinho,
de medo da alegria grande.
aí eu buscava a mãe,
primeiro no olho,
depois no cabelo,
no cheiro, no sorriso,
mas ela não morava mais ali.

aí fiquei com raiva da traição da mãe,
ela tinha prometido que quando partisse me levava junto, se eu quisesse.
e agora ela tinha partido sem nem me fazer a pergunta.

aí também me deu ciúme dessa gente toda que ficava com a mãe.
mesmo cheiro,
mesmo cabelo,
mesmo andar,
mesma ausência de olho.
por que eu fazia mal pra ela e eles não?

eu quase fiz o pedido:
mãe, me leva junto pra esse lugar?
mas eu me doía de orgulho e as palavras morriam nem bem elas
brotavam na garganta.
pedir eu não ia, não,
ela se me quisesse que viesse me buscar.
mas dentro a curiosidade queimava,
deve de ser lindo esse lugar pra onde a mãe foi!
pra deixar todos nós aqui e partir tão depressa.

Conheci a depressão da mãe desde que me entendo por gente. Com ela cresci, com ela me criei e dela nos despedimos quando partiu. Tenho por ela – a loucura da mãe – um respeito imenso. Nela me reconheço. Vivenciei o fio tênue que existe entre a sanidade e a loucura. Não a reconheço como libertação, como romanticamente muitos o fazem. Vivi-a como prisão, com o sujeito sendo seu próprio algoz.

Escrevi uma série de poemas sobre essas memórias do hospital. Queria me vazar através deles e perdoar. Quando os manipulamos em sala, Tadashi procurou fugir de um depoimento pessoal sobre a loucura – que não era o que nos interessava para o trabalho – e conduziu as discussões para a relação da arte com a vivência de situações extremas de loucura, citando Hijikata que foi aos limites da dança alcançando o êxtase, e também Artaud e Nijinski: *Por que a arte precisa disso? Por que a arte precisa dessas situações extremas?* Abordamos a construção de limites que extrapolam a existência entre a arte e a vida cotidiana.

Tadashi estabeleceu uma relação entre o butô e o tarantismo[5] e aqui transcrevo o diálogo provocado pelo tema:

Você sabe de onde vem essa "Tarantela"? Eles matam essas aranhas (a tarântula[6]) pisando sobre elas e vão dançando.

---

5. O tarantismo atingia, outrora, massas populares consideráveis, e supunha-se que era produzido por picadura de tarântula, aranha comum na Apúlia (Itália), onde se originou o termo. Tratava-se, possivelmente, de uma forma de histeria coletiva.

6. Espécie de aranha europeia licosídea (*Lycosa tarentula*), cuja picada causa febre, delírio e, segundo a crença popular, singulares sintomas que levariam o doente a cantar e dançar.

E algumas horas depois eles conseguem escapar do veneno expelido pela aranha e quando finalmente param eles ficam como aqueles que têm epilepsia... Alguém chegou a falar sobre a relação que existe entre "tarantismo" e a dança butô. 'Bu' significa dança e "tô", passos. É claro que de fato não tem relação. Mas um ponto que realmente está conectado é que através dos passos a pessoa chega a uma espécie de loucura. A feiticeira da tarântula faz uma espécie de exorcismo: ela deve tirar esse veneno... E ela faz isso através dos passos da dança. E se não é suficiente, deve-se ir mais e mais... este tipo de situação. Por que Hijikata fez exercícios tão extremos até as pessoas ficarem loucas? Aí eu vejo alguma relação paralela com o "tarantismo"... Também com Antonin Artaud... Também com Nijinski... O que é este êxtase ou situação extrema e radical? O que acontece... E se realmente acontece, pode ser que a gente tenha que ir ao hospital, não? Nós não chegamos de fato nesta situação, mas nós tentamos... Todo mundo tenta chegar nesta catarse. Por que nós desejamos chegar a este ponto? Por que nós queremos chegar neste êxtase ou nessas situações extremas? Por quê?

Cris – Não sei... Acho que é um lugar de intensidade, de limite... Como se fosse interessante o desafio de ver até onde eu chego. E o desconhecido a que eu só vou chegar quando eu ultrapassar o limite.

Tadashi – *Mas nós não queremos que seja real, não é? Isto significa que tudo é teatro, não é real...*

Cris – São situações controladas, não são?

Tadashi – *Mas no teatro nós precisamos dessas situações extremas quase reais... Mas nós sabemos que é teatro. Por que nós precisamos dessa realidade no teatro? Porque nós não queremos ficar no nível da vida cotidiana... Quase todos os artistas ou as pessoas geniais são loucas, realmente loucas, não só no teatro. Nijinski, Artaud... Também Hijikata. O que significa: nós desejamos realmente isso? É o nosso destino, nossa meta? É a minha questão pessoal também. Eu desejo algumas vezes, mas eu não quero ficar nesta situação por toda a minha vida. Eu gosto de alguma privacidade. Mas se eu danço, não quero ser algo como um produto... Não... Tadashi Endo. Por que não existe uma maneira oposta de ser dentro da vida cotidiana? Algum espaço de tempo para se tomar e ser louco ou ser...? Algumas vezes, se você bebe álcool, se você realmente bebe e pode ver, através dessa droga, algo diferente, não? Ou se você fuma marijuana e alguma coisa se modifica. Nós precisamos dessa droga no teatro, na dança. Toda arte precisa, talvez... Mas se você realmente a toma na vida cotidiana você deverá ir para um hospital. Desse modo, o que nós precisamos? Por que nós queremos isso no teatro? Por que no teatro o palco não é como na vida cotidiana? Alguém que vai cozinhar, e comer, ou fazer xixi? O que é esta realidade teatral? Por que tão extrema, tão diferente? O que você acha? O que você precisa? Ah... E se você fizer isso pode acontecer um acidente, você pode quebrar algo... Ninguém faz isso no teatro, mas nós queremos... O que é esse desejo na realidade? Como conectá-lo em você mesmo? Eu posso falar por mim mesmo... Mas se eu falo a uma outra pessoa: "Vai mais fundo até que você morra!" Eu sei que ninguém deve morrer, mas eu falo aquilo e isso significa que todo mundo é capaz de fazer mais. Se você pensar: "Esse é o meu limite! Eu não posso mais", então eu falo: sim, você pode. Assim, esse passo a passo: "Mais, mais, mais!" Só que algumas vezes acontece mesmo. Durante um* workshop *que dei, um rapaz caiu e teve epilepsia. Este momento foi realmente verdadeiro e eu tive que chamar o médico... De outro modo podia ser muito perigoso. Eu não sou médico, eu não sabia o que fazer... E então eu chamei. Mas ele, o rapaz, quis ir até aquele estado. Por que eu não pude aceitar? Eu chamei o doutor porque era realidade, uma situação de perigo real. Você quer um tipo de situação assim durante os ensaios? Chegar ao seu limite e ultrapassá-lo? Ou esta é outra parte do trabalho, nós sabemos aquilo que fazemos, é teatro e não é um perigo real. Ou você deseja que algumas vezes a gente vá ao limite... E se acontecer, nenhum problema, vou para o hospital?*

Cris (*risos*) – Eu gostaria de ultrapassar os limites, mas não chegar ao limite de ir ao hospital. Porque por dentro você também de alguma maneira conduz e sabe e tem um nível de consciência que acompanha. E de fora, quem vê também sabe o limite e como retornar pelo caminho.

Tadashi – *Eu não sou um mágico... Às vezes eu digo stop e você não pode mais parar. Eu quero e você também quer chegar numa intensidade muito profunda. É claro que até agora não é suficiente e nós vamos: mais, mais. Ao mesmo tempo eu penso: "Quão capaz você é?" Você alguma vez teve esse tipo de experiência, dessas de extrapolar?*

Simioni – Eu posso falar sobre isso. Também para mim essa é uma questão muito boa de responder. Não nesta maneira de chegar num ponto em que você perde a si mesmo. Mas de chegar num ponto em que: "Oh, meu Deus, isso é louco para mim, mas eu ainda tenho controle para continuar, mas é claro que eu sei que é maior que eu."

Tadashi – *Se você quiser tentar ser como a sua avó, ou sua mãe, por exemplo... Ela era um pouco louca, ou ela enxergava um outro mundo. Como você pensa em entrar no seu mundo? Você deverá ser mais louca. De outro modo você não pode ser como a sua avó. O que eu posso imaginar e modificar o foco, o ponto de vista, esta é uma possibilidade, eu acho. Nós vemos na vida cotidiana de modo muito similar, igual às outras pessoas. Você me vê, vê a ele, vê a câmera... Se você modificar o foco você vê somente um ponto... Direita, esquerda, acima, abaixo; tudo o mais desaparece... Somente isto... Como se estivesse com os olhos envesgados... Já é uma espécie de loucura porque modifica completamente a imagem. Ou cega, realmente cega. Às vezes a gente pega isso: "sonhar acordado", chama isso. Você está sentada num banco, pensando ou sentindo algo completamente esquecida. E alguém diz: "Eh, Tadashi, acorda!" Sabe? Algumas vezes, nesses momentos estamos absolutamente cegos, não uma cegueira real, mas como se tudo estivesse obscuro, tudo como num nevoeiro. Isto acontece se você está concentrado em algo tão profundamente que você não vê nada diante de você. Você sonha ou se concentra em algo. Essas são duas possibilidades de se tornar como um louco.*

E arrematava: *"Butô é doença. Isto significa que se você tentar dançar butô, então você já tenta ser louco. Ou você quer*

*tomar desse remédio para pessoas loucas. Não é tentar dan-
çar butô de modo louco. Não, butô já é loucura. Pode imaginar isso?*

Experimentações.

Tadashi nos propõe (a mim e ao Greg): *quão louca, ou
quão estúpida, ou quão diferente você pode ser em relação à
vida normal cotidiana. Você tenta, e isso também vale para
a música: o quanto você pode tocar uma música que é não-
-música? Você deve tocar algo que é* nonsense, *mas que ainda
se mantém como música, como linguagem. Não é só barulho.*

Fizemos uma primeira experimentação frustrada.
Tadashi se mostrou insatisfeito (como todos nós) e fez uma
nova proposta. Todos sairiam da sala e só ficaríamos Greg
e eu. Tínhamos trinta minutos para encontrar um trecho –
som e movimento – que seriam repetidos por dez minutos, de modo a gerar um estado de consciência alterado em
relação ao cotidiano.

A princípio, senti um grande prazer em improvisar
com meu corpo tendo somente o Greg e sua música como
parceiros. Greg é muito corporal em sua relação com o instrumento e a busca da sonoridade. Sentia-o como um parceiro dançarino, dividindo o espaço da sala. Aos poucos, fui
sendo tomada por uma ansiedade; à medida que o tempo
corria, passei a me preocupar em escolher as ações a serem
repetidas e não conseguia eleger nenhuma. A espontaneidade inicial foi sendo substituída por um pensar ansioso.
Mesmo assim, a esquizofrenia gerada pela luta entre o pensar e não pensar, dançar livremente e selecionar ações, me
conduziu a um estado de agitação interna que acabou por
se mostrar interessante.

Acabei apresentando dois trechos diferentes (pela incapacidade de selecionar apenas um). No primeiro trecho não
utilizei a voz, as ações apenas refletiam essa agitação interna
desconexa e, no segundo, a ação veio acompanhada de um
falar contínuo até o limite da respiração, o que me conduzia a um estado muito concreto. Quando o ar findava, eu

ainda me sustentava mais alguns segundos, num sussurro de voz esganiçada e a musculatura enrijecida. Quando esse limite era atingido, meu corpo desabava e a ação recomeçava, agora em outra direção no espaço. Comentários de Tadashi sobre as duas maneiras:

Para mim você tem duas maneiras diferentes de fazer: se você fala, você se move muito diferente. Não só diferente, melhor! Digo, nesta segunda parte. Na outra parte (primeira) *você fazia-se um pouco nervosa, mas sua face, especialmente, não estava maluca. Sua face estava muito séria, muito concentrada. E quando você começou a falar mudou sua face. O que significa que pode ter diferentes caracteres. Quando você falou, talvez você tenha conseguido fazer mais fácil, ou você conseguiu conectar-se mais consigo mesma? No outro tinha só movimento, movimentos e tiques nervosos – algo estranho. Ok, mas você controlava estes movimentos. Esta foi minha sensação. Porque sua face era muito séria e especialmente seus olhos estavam sempre no centro, fixos. Minha sensação era que você estava pensando dentro para fazer esses movimentos técnicos de tique nervoso, mas você não estava realmente com todo o corpo nesta situação. E quando você falava, algumas vezes, o rosto se conectava e então o movimento do corpo era bem diferente. Por isso achei melhor que a primeira parte.*

Experiências Fora do Corpo

> *Nosso corpo não é esse corpo.*
> TATSUMI HIJIKATA

Joana D'Arc

febre forte dá doideira na gente.
eu pensava que tinha perdido a razão igualzinho a vó.
na frente da minha cama tinha um quadro da Joana D'Arc,
eu nem sabia que ela era ela,
a mãe contava e recontava e eu sempre me esquecia.

noite quente de febre grande, eu via tanta gente dançando
naquela pintura,
em torno da fogueira.
eu de olho aberto, acordada que nem dia, não conseguia mexer
nem um dedinho,
nem o mais pequenininho.
só o coração estourava,
e a mãe rezava.

As discussões desse dia circularam sobre experiências vividas fora do corpo, suscitadas pelo poema acima. Desde a
infância tenho vivências no sono que me parecem absolutamente reais devido à intensidade com que as vivo. Acontecem em períodos distintos da minha vida, sem que eu
consiga detectar o que as interliga. Acontecem geralmente
no início da noite, mas isso não é uma regra. Quase sempre tenho a sensação de acordar, perceber o espaço à volta.
Quando acompanhada tenho plena consciência da pessoa
ao lado e o que se desenrola a cada vez é sempre uma experiência diversa. Por vezes, a sensação é prazerosa, mas normalmente é algo agonizante, mas completamente diferente
de quando tenho pesadelos. Começa por um formigamento
na coluna, que se espalha para o restante do corpo, seguido
de batimentos cardíacos e respiração acelerada. Os sentidos ficam dilatados. Posso sentir o vento roçando minha
pele. Algumas experiências vêm seguidas de uma imobilidade física. Tento me mover, mas meu corpo encontra-se
impotente. Sinto-o tentando despregar-se da cama e retornando exausto. Vejo-o se prolongando no espaço, sensação
bastante parecida com alguns pesadelos. Em outras – que
me acompanharam por um longo período – após a entrada
nesse estado de consciência, eu começava a lançar alguns
comandos em pensamento, do tipo "quero me sentar" e
meu corpo reagia obedecendo aos comandos. O que eu
sentia não é que o pensamento dava a ordem e o corpo
seguia, mas que esse corpo que se movia era tão distinto
do meu corpo carnal, com peso e densidades diversas, que
era necessário alguns ajustes para conseguir colocá-lo em

ação. Para que se tenha uma ideia mais clara, na primeira tentativa de me levantar da cama caí estatelada no chão e "acordei" imediatamente. Senti esse corpo etéreo retornando ao corpo físico e a sensação é tão nítida que até hoje sinto cada vértebra se encaixando, como um corpo se sobrepondo ao outro. No dia seguinte, foi como se o aprendizado da véspera me possibilitasse um avanço. Ao tentar me levantar, caí novamente no chão, mas não despertei. Pensei: "tenho que levantar", e num curtíssimo espaço de tempo, entre pensamento e ação, saí "flutuando" pelo quarto e pude ver meu corpo e o da pessoa ao lado, deitados na cama. Explorei o quarto até me deparar com o teto e aí o seguinte pensamento surgiu: "e agora? Como vou atravessar a parede?", esse obstáculo me fez retornar ao corpo físico imediatamente.

Tadashi fez um paralelo entre algumas histórias de Hijikata e essa minha experiência em particular, relacionando-as ao dançarino de butô, principalmente no que se refere ao isolamento e à separação das partes do corpo.

Não é exatamente o mesmo, mas Hijikata disse muitas vezes: nosso corpo, o seu corpo não é este... Há um outro corpo... Nós controlamos o corpo, mas quem é esse corpo? Seu cérebro vai fora da sua cabeça e esse cérebro trabalha... E eu quero pegá-lo e colocá-lo de novo na minha cabeça, mas este cérebro trabalha independente de mim. Assim ele fica desapontado, às vezes: "porque o meu cérebro está trabalhando aqui, aqui". E também quando ele fala... sua voz não é por aqui... Alguma voz vem por ali... E ele está ouvindo por si mesmo aquilo que ele diz e então diz: "Cala a boca". Ele disse isso, muitas vezes, com relação aos seus pés. Ele era de uma família muito pobre. Seus pais tinham muitos filhos e ele era o mais novo. Pai e mãe trabalhavam no campo de arroz e carregavam um grande cesto e no grande cesto estava o bebê Hijikata. Os pais andavam pelo campo de arroz e dentro do cesto tinha pouco espaço. Tudo o que ele podia ver era o céu azul: o cesto ficava no alto. E quando ele estava com fome, chorava e os pais não podiam ouvir e também estavam muito ocupados...

E ninguém ajudava... E quando chegava em casa o corpo de tanto ficar no cesto estava como que fixado. Ele não podia se mexer porque ficara tanto tempo naquela posição. Então ele dizia: "minhas pernas comecem a andar..." E iam à cozinha ou outro lugar pegar algo... E só as suas pernas começavam a andar pela casa... "Onde vocês estão indo, minhas pernas? Voltem..." Muitas vezes ele falou sobre essa sensação. Também quando ele estava alongando o braço, ele sentia que de uma mão vinha uma outra mão e desta mão vinha uma outra mão... E de novo outra mão... E ainda outra mão... Isto é o alongamento. Não é só a minha mão que se alonga e termina... Da minha mão vem outra mão... E outra... Entã, ele se perguntava muitas vezes: "o que são essas mãos?" Então, são partes do corpo que, independente de mim, começam a se mover. Não são minhas... Este sentimento... às vezes faz isso com muitas partes do corpo e cada parte se torna isolada, separada... E quando você escreveu sobre o seu dedo, que você não podia mexer... Mas certamente, por uma outra visão você movia o dedo, mas ele não se mexia... Isto às vezes é muito importante para um dançarino butô, especialmente quando eu sinto que o nosso corpo não é esse corpo, mas, ainda assim, nosso corpo se movimenta e esse movimento ajuda meu movimento. Eu tomo o movimento do meu corpo como um auxiliador para este outro corpo.

Carregamos quantos corpos dentro de nós? Quantas camadas a serem desvendadas?

A trajetória da idade adulta compõe-se de duas partes com qualidades distintas: a rosa e o espinho, forças complementares igualmente intensas e poderosas.

FIG. 4: *Idade adulta – painel aceno*

A Rosa

> *Se você mostra o corpo nu, não é o movimento,*
> *mas o corpo que fala.*

TADASHI ENDO

O erótico. Ombros, omoplata, quadril, cintura, seios, bunda, olhar, sorrisos, provocações, música brega ao fundo.

Cadê seu erotismo?

Bastante desanimado, Tadashi me fazia essa pergunta. Eu fuçava revirando, também me perguntando: "cadê meu erotismo?".

Como você faz para seduzir alguém?"

Eu fuçava e revirava, me perguntando: "como faço pra seduzir alguém?".

E isso para ser respondido sem palavras, espreitada pelos olhares do Tadashi, Simioni, Luís, Suzi, às três da tarde, sol forte lá fora, calor e muito suor, na sala de trabalho do Lume. Eu, mãe há dois anos, sedução abaixo de zero.

A dificuldade maior é que aqui era eu mesma na cena. Desnuda, não apenas pela nudez física, essa eu já havia experimentado em cena outras vezes, mas desnuda como uma atriz se revelando em toda sua dificuldade frente a frente com a plateia. O erótico era apenas uma camada fina sobre a dor de me revelar. E o caminho de busca que acabei trilhando manteve a coerência com esse sentir.

Eu ouvia: *Eu vi agora que você não fala com o seu corpo. O corpo deve chorar, não pode estar fixo.* Realmente, eu estava engessada numa maneira viciada de olhar meu corpo. E percebi que nunca havia pensado meu corpo como uma omoplata que dança, ou me atentado para o efeito visual que a musculatura tensionada provoca. Eu queria me esconder no armário, eu e meu corpo mudo. Desengonçado.

Você relaxa poucas vezes, relaxe mais e dance mais. A palavra dançar, nessa cena, vinha associada a uma série de carências pessoais que ficaram expostas em sua criação.

Seguramente banalidades para qualquer dançarino, mas para uma atriz (ou talvez para mim), por exemplo, dançar uma partitura física em relação direta com a música não é algo tão simples, principalmente quando as ações não são de todo confortáveis e estão em fase de descoberta. Com o corpo tão pouco habituado a esse "ouvir", o que poderia ter sido simples me ocupou um longo tempo até internalizar a partitura em relação à música e me sentir dançando.

Percebendo minha insegurança, Tadashi repetia: *Você tem que tentar muito nessa segunda parte. Errar muito, tentar muito. Ir ao limite.*

E foi o que fizemos. Fomos garimpando, buscando um corpo expandido e nu. Lendo com o corpo, lambendo com o corpo, falando com o corpo, explorando com o corpo.

Imagens circularam: uma garota de *striptease* que seduz um velho numa mesa de bar, ora com os braços amarrados nas costas (eu "escapava" pelos braços tagarelas), ora braços livres focando os detalhes e as partes do corpo em separado.

Eu me arrastava pelo chão, me contorcia e ouvia: *Você pode ser mais* sexy?

Eu ria e me enraivecia.

Nessa cena, trabalhamos praticamente todo o tempo com a imitação. Pareceu-me bastante irônico acessar meu feminino através de um corpo masculino. Tadashi me guiava passo a passo, por vezes, através do kabuki e como os homens representavam uma mulher sedutora, o caminhar fechado para dentro, as curvas no quadril e nos braços. A diferença entre o andar sinuoso da mulher e o do homem, corpo fixo e andar direto. Buscamos quais elementos nos fazem reconhecer à distância o andar feminino. Atentamos para os pés, as curvas, a cintura, os braços.

Chegamos a uma caminhada que se mostrou, para mim, como uma importante porta de entrada para a instalação da cena. Uma caminhada desfile, vendendo meu corpo-memória, oferecendo, barganhando, revelando e escondendo.

Com a definição da música, um *blues* japonês, a atmosfera adquiriu o tom de uma sensualidade desonesta, fingida. O olhar com um sorriso sedutor, também ele fingido. Resolvemos escrever no corpo palavras selecionadas dos poemas – família, casamento, sonho, rio, água, aconchego, vento, chuva, mãe, avó, entre outras – e uma camada extra, surgiu através dessas palavras, como uma nova vestimenta que me auxiliou a atar o fio que faltava. Quando escrevemos as palavras no corpo entrei na atmosfera que estávamos perseguindo, rompi com a "Cris" naquela situação e entrei em contato com a dimensão criativa poética da cena. No início predominava o desconforto, era a Cris macaqueando ações pretensamente sensuais, sem nenhum cheiro que me levasse a conectar esse lugar. As palavras me vestiram e me trouxeram o corpo poético.

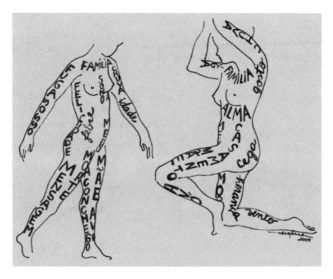

Em pequenos bocados, fui encontrando prazer nesse jogo.

A partitura foi se estruturando no decorrer das improvisações. Fomos recuperando elementos trabalhados no decorrer dos dias. Muitas das ações passavam primeiro pelo corpo do Tadashi e em seguida pelo meu. Outras eram sugeridas por mim e transformadas por ele antes de retornarem a mim novamente. Eu o imitava, tentando beber suas ações, cores, cheiro, sem constrangimento, parecia que quanto mais eu pudesse me aproximar dele mais chegaria até mim. *Agora, você está me imitando, porém mais tarde você deve imitar a si própria. Qual é o estilo da Cris? A imitação levada ao limite, no detalhe, leva você a criar o seu próprio estilo.*

Algo que eu já havia comprovado através da mimese corpórea e da recriação de ações observadas no cotidiano. A fidelidade às ações não é motivada pela realização de uma "cópia" perfeita. Ela procura ir além: busca recriar essa mesma corporeidade, criando uma zona de proximidade entre o observado e o corpo do ator. Uma cópia fiel

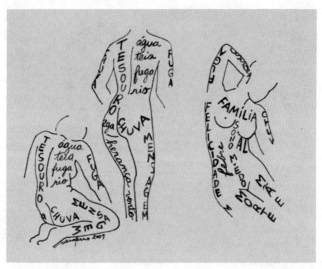

da fisicidade e da corporeidade é impossível, pelas próprias particularidades e diferenças de vivências. Novamente retornamos ao ponto em que quanto mais eu me aproximava, fosse do outro observado, fosse da imagem projetada, quanto mais meu corpo fosse capaz de ser habitado por um outro, encontrando partículas de vizinhança que o potencializassem, mais próxima estaria da construção de uma dança particular e única.[7]

Ao ser guiada pelo Tadashi através de sua dança, eu estava em busca, não de dançar como ele – por mais fascinante que fosse vê-lo dançando – mas de ser vazada por ela (sua dança) e de, por e através dela, contagiar-me de qualidades, sensações, percepções, sentires, tensões, maravilhas.

Mensagens do vento. Experimentamos diversas dinâmicas que nomeamos de corpo-vento. Qual seria o caráter do vento? Como chegam suas mensagens? Eu as recebo pelo sentir da pele, pelo cheiro, pelos olhos. Como é o vento? Fraco, forte, parado, circular. As folhas que se movem e revelam o vento. O corpo que faz e o corpo que se deixa fazer.

Tadashi – *Algumas vezes, quando o dançarino se move ou dança, ao redor dele você pode sentir o vento, você pode ver o estado de espírito através do dançarino. Como ele se moveu neste momento? Por que eu tenho esta sensação ou esta imaginação através do dançarino? Qual movimento ou qual... aura este dançarino tem? Este é o ponto mais interessante. Não é necessário que o dançarino crie um movimento de vento.*

Primeiro provamos o corpo que move e produz o vento com o seu movimento. Quão longe vai este vento de acordo com a intensidade da ação? Posso imaginar o vento produzido? Posso segui-lo? Em seguida, produzir outro... E outro. Movimentos, raios, diretamente para a frente e para trás. Forte, leve, fraco, aberto, fechado, estreito, fino. Com corridas e paradas, sentindo o vento que vem.

Reagindo ao ventilador. Depois através do vento produzido por um grande ventilador da sala, deixamos o corpo vivenciar tensões diversas. A busca era pela manutenção do movimento externo, porém com diferentes tensões de acordo com a intensidade do vento.

---

7. Reflexões sobre esse tema encontram-se em R. Ferracini, Mímesis Corpórea e Café Com Queijo, *Café Com Queijo*, p. 224-234.

Tadashi – *A sua tensão não está variando. Se o vento é forte ou fraco, muda tudo. Diferentes tensões corporais no corpo do ventilador geram diferentes tensões no seu corpo, não só externamente. Não se deve mudar o movimento, mas a tensão. Isto é uma possibilidade. O mesmo movimento com diferentes tensões. Porque eu estava andando contra o vento. Eu não mudo por fora, mudo por dentro. Como a rosa com espinhos. O suave e o perigoso juntos.*

Um corpo esqueleto atravessado pelo vento. Vento forte, movimento grande, expandido, em resistência, se opondo ao vento, intenso, marcado nos pés. Vento suave, movimento leve, solto, andar contínuo, os pés roçando o chão, sem resistência ou necessidade de oposição.

Tadashi – *Eu posso imaginar ao redor de você a existência do vento suave ou do vento forte. Somente através deste estilo e tensão. Então é importante, também, ao mover-se, pegar este vento ao seu redor. Quando ele vem forte você também deve ser forte contra o vento; de outro modo o vento te mata e você cai.*

Algumas dessas qualidades fizeram parte da construção da cena. A partitura foi se refinando no decorrer dos dias, lentamente sendo esmiuçada e assimilada, numa escalada paciente.

Essa cena é a que mais se aproxima de uma estrutura formal de dança, com uma coreografia fixa definida em relação com a música. Daí, também, minha grande dificuldade em realizá-la. Mas é interessante observar como Tadashi trabalha na estruturação das ações. As marcas são definidas e concatenadas com a música, mas não de maneira rígida; sinto que essa foi a tentativa primeira para me dar suporte na realização das ações, estabelecendo um trilho preciso por onde eu deveria seguir. Mas à medida que esse trilho era assimilado e as ações tornadas orgânicas, havia espaço suficiente para respiro e adaptação às variações rítmicas propostas pela música.

Durante o processo de refinamento desse fragmento da cena, passamos uma tarde inteira esmiuçando cada detalhe. Parecíamos ter caminhado bastante ao fazer isso. Eu

174

me sentia mais tranquila e segura. No dia seguinte, ao realizar a cena novamente, Tadashi se mostrou arrependido, dando a entender que agora que eu sabia o que fazer a cada momento, as ações haviam se esvaziado e eu havia perdido a atmosfera da cena. Percebo que o conforto e a segurança me conduziram a uma ausência, uma calmaria prejudicial à cena, tornando-a fria e mecânica. Levei alguns dias para recuperar a atmosfera e ganhar fluidez dentro dos movimentos estabelecidos sem ter que dar passos atrás na construção da coreografia.

FIG. 5: *Idade adulta – múmia*

O Espinho

O corpo despedaçando a partir de dentro.

TADASHI ENDO

Como seria esse mesmo corpo em colapso? Numa luta constante entre manter-se ereto, mas ruindo a cada passo. Desmembrado, sendo rasgado para diferentes direções. Uma múmia que se desfarela. Um peixe estatelado no chão. Corpo trêmulo. Quedas. Pernas que não se sustêm. Olhos revirados. Grito mudo. Explosão nervosa. Corpo espástico. No limite. Imagens corpóreas que circulavam e inspiravam o movimento.

A flor nas mãos agora transformadas em garras, que arranham as palavras, antes identidade, agora maldição.

Algumas vezes, dentro de uma mesma imagem, trabalhávamos com partes do corpo dançando essas imagens separadamente: sola dos pés, cabeça, pernas, braços. Outras vezes, as imagens desabrochavam em ações físicas concretas: "atirar a pedra", "avião", "grito", "dar adeus", "pedra na cabeça"...

Esse caos nervoso foi tecido entremeado com posturas e caracteres coletados nos primeiros dias de trabalho. Uso a narração do Luís para esse dia, onde várias das ações se originaram:

Depois de ir ao mercado comprar verduras, legumes e peixes frescos, Tadashi e Cris começaram a criar diferentes corpos que eram modificados em uma forma apropriada segundo um determinado caráter de movimento. É uma pequena amostra do tipo de "artesanato" psicofísico pelo qual transitou o processo.

No início, de cada poema, da sua palavra título ou de uma palavra forte, Cris deveria encontrar um som que por essa palavra fosse inspirado. Em japonês, dizia Tadashi, para cada tipo de chuva se usa uma sonoridade que revela a intensidade da chuva. "Existe algo assim em português?" perguntou. Não exatamente assim. Existem palavras diferentes que conotam tipos diferentes de chuva. Tadashi não queria uma palavra: queria um som para cada poema. Queria, também, que Cris reconhecesse e expressasse as características desses sons que ela estava criando. "Como um cego que vê a morte, você vê o som e expressa o seu caráter", disse Tadashi. Apresento, abaixo, uma lista com esses três itens ordenados por Cris:

Chuva forte = "tuóhhhhh" (aspirado, amplo, branco que cega).

Navio = "óóónnnnnnn" (cortando *iceberg* no meio, muito preciso e lento, fora gelado com dentro um quente rasgando).

Tirinhas = "há Haa!" (agudíssimo. Peso de pedra na água que espirra gotas).

Martelo = "tuinnnnnnnnnn" (metálico, preciso, reto e fino. Capaz de acertar um grão de areia).

Miopia = "hahhhhhhhh" (Cris espalhando em muitas direções suspensas).

Sapato = "krrruck kack" (pernas moles, sem osso, que não param de pé).

Trancado no quarto = "cagui" (espasmo que vai, mas não vai, num espaço muito reduzido).

Feito isso, Tadashi pediu que a atriz traduzisse diretamente estes sons em movimento mecânico do corpo. Este som era a sua língua, seu vocabulário sonoro. Ela o usaria para criar movimentos que tivessem o mesmo caráter:

Tadashi – *Coloque o seu corpo nesse som. Cada som gera uma espécie de movimento, que segue o caráter do som.*

Em seguida pediu que Cris, ao mesmo tempo em que experimentava com o corpo, fosse traduzindo em palavras o caráter de cada movimento criado. Apresento-os novamente:

Chuva forte: movimento condensado dentro, quente, tensão dentro.

Navio: movimento contínuo, reto, fino, frontal, afiado como faca.

Tirinhas: movimento raio intenso e repentino. Com queda.

Martelo: movimento alongado, metal, pontiagudo e fino.

"Miopia" casou com "Chuva forte" e viraram juntos: movimentos independentes das partes (dedo, pé, ombro, cotovelo) ligadas por fios a corpos celestes e que tendem a centrifugar no centro do corpo. Reunir com grande resistência, grande tensão.

Sapato: Perna mole. Movimento do esqueleto entre os ossos, mole, controlado e quebrado na articulação.

Trancado no quarto: movimento quebrado, rápido, espasmódico e metálico. Nas bordas.

Em seguida a esse trabalho, Tadashi pediu que Cris criasse, em torno de cada caráter, diversos movimentos diferentes, como se estivesse criando um vocabulário de uma língua. Chamo a atenção para esse ponto, pois ele revela o nível de aprofundamento técnico do "artesanato" psicofísico de Tadashi. Como se "Sapato" fosse uma língua estrangeira assim como alemão, italiano, chinês. Mesmo que

178

não entendamos uma única palavra de alemão, sabemos que uma pessoa fala alemão, porque por trás das palavras reconhecemos um caráter comum à sonoridade da língua alemã. Do mesmo modo, podemos distinguir um italiano de um japonês, apenas pelos gestos que acompanham a sua fala: são, em geral, completamente diferentes. Tadashi estava nos ensinando como criar diferentes línguas com o corpo, cada uma delas podendo ter um extenso vocabulário em torno de um mesmo caráter.

Assim, voltando à sala de trabalho, Tadashi explicou que "Navio", por exemplo, possuía um caráter, de modo que deveria tentar criar diferentes movimentos que mantivessem esse caráter. Na prática, o modo como o trabalho se desenvolvia era igualmente interessante e refinado. Para cada caráter, Simioni, do lado de fora, fazia a sonoridade correspondente, de modo que Cris não utilizava o intelecto para pensar no "caráter" enquanto criasse novas palavras. O seu sentido auditivo era *imediatamente* estimulado pelo caráter do som que ela mesma havia sugerido. E deste estímulo é que o vocabulário da "língua" se expandiria. Na imagem acima, Cris retoma o corpo na posição e no movimento associado ao som de 'Navio' (andar num fio de navalha, com braços e olhos que apontam afiadamente para o chão) e tenta criar novos movimentos.

Dito de outro modo, Tadashi estava pedindo que Cris "dançasse em torno de um caráter", como alguém que improvisa em um "gramelô", numa língua inventada. Segue o próprio Tadashi explicando sobre seu "artesanato" psicofísico:

"Você sabe o que isso significa? […] Se você dança livre – e muitas pessoas têm problemas na dança livre – é fácil se você utiliza este vocabulário. Ok, é livre. Pego uma música de Tchaikóvski ou Strauss. [Solfeja uma valsa de Strauss]. Se me movimento deste modo com a música, é chato. [Segue os passos de uma valsa comum]. Mas eu quero falar com uma outra língua. [Faz a mesma música dançada, agora, com os movimentos retorcidos do caráter "Sapato" de Cris]. Então eu me movo, mas eu falo com este vocabulário. E mais tarde, num próximo nível, você deve misturar "Chuva forte" com "Martelo" juntos. O que acontece? Esta tensão [interna] com "tinnnnn". Uma parte, outra parte, outra parte, cada uma delas fazendo algo diferente. Mais tarde você deve falar esse vocabulário continuamente. Não a… e… i…; mas "aiu ieuo oiu a". É isto que eu chamo de zona "entre" os elementos."[8]

8. Esse trecho foi extraído do relatório enviado à Fapesp (Fundo de Apoio a Pesquisa do Estado de São Paulo), escrito por Luís Nöthlich logo após o encerramento desse encontro.

Para reforçar a importância da palavra na dança butô, associada à relação da língua japonesa com as "entrelinhas":

Existem várias maneiras de a chuva cair e, antecedendo o verbo, a onomatopeia vai dar o tom. A chuva fina que cai faz "chito-chito"; a chuva forte "zaa-zaa"; e na sugestão poética e musical de Hijikata: "o som dos bichos da seda que mordiscam incessantemente as folhas da amoreira fazem 'jyari-jyiari-jyari'; o ranger dos dentes 'giri-giri-giri'; e enquanto os bichos da seda continuam sua mastigação, o som é sincronizado com o do homem que dorme rangendo os dentes... tudo é ligado e se isso fosse sempre ligado na vida, como nesse caso, talvez não tivéssemos necessidade de treinos de dança"[9].

Nessa segunda célula da cena, a dança se dá entre qualidades de tensão e energia. Ela não foi estruturada sobre uma partitura ou coreografia dos movimentos. É uma dança livre, que acontece entre um vocabulário construído por toda minha trajetória e alargado pelas memórias vivenciadas neste processo. Algumas posturas fixas ("Martelo", "Navio", "cagui"), originadas na vivência das sonoridades das palavras, entremeiam essa dança e são sustentadas em sua intensidade e qualidade antes de seguirem novamente seu fluxo.

9. N. Masson-Sékiné, op. cit., p. 9.

FIG. 6: *Idade adulta – aceno deitada*

*Bom dia! Tentar mais, errar mais
é melhor que ter um movimento bom.*

TADASHI ENDO

KYU

INFÂNCIA

RAPIDEZ
ACELERAÇÃO

FIG. 7: *Infância – painéis*

Dick

segunda-feira, o Dick morreu atropelado.
um homem na esquina foi atropelado, segunda feira.
o Dick era o meu cachorro.
o homem era o homem da esquina.
chorei pelo Dick, demais, o homem, eu nem conhecia,
era só o homem da esquina.
o pai ralhou comigo.
eu entendi a bronca do pai,
mas o que eu podia fazer se não sobrou lágrima pro homem
da esquina?

Segunda-feira

"segunda-feira eu vou embora, você escolhe se quer vir comigo
ou ficar com seu pai"
a segunda feira nunca chegou,
o pai foi embora primeiro.
e eu passei as sextas, sábados e domingos
tentando decidir com quem ficar.
eu amo a mãe
mas eu amo o pai.
fico com o pai
mas e a mãe?
fico com a mãe
mas e o pai, como vai amarrar o cadarço sozinho?

Janela

acho que sete anos eu tinha.
durante uma semana, toda manhã, eu chorava na janela.
olhava longe, a perder de vista e pedia a Deus,
ou quem me ouvisse,
que me levasse embora, através da morte.
mas não era dor,
era partida
e só.

Banho

o banho na bacia,
água branca.
primeiro o vô, depois o pai,
primeiro a vó, depois a mãe,
depois eu.
o banho na bacia,
água marrom, terra vermelha.

Medo

medo de ficar sozinha,
desde sempre,
desde miúda.
não sozinha no quarto escuro,
não sozinha na casa,
medo de ficar sozinha no mundo.
esse medo eu aprendi com a mãe.

O movimento da infância só foi encontrado em sua forma final uma semana antes da estreia.

Perambulamos durante muito tempo por entre o tempo rápido, vestindo-o externamente. Um menino atrevido, malandro, que desenha os poemas pelo espaço. Buscamos a qualidade da energia da criança em brincadeiras infantis, posturas e ações várias relacionadas a imagens presentes nos poemas e nos dois movimentos anteriores do espetáculo.

Toda energia gerada era colocada para fora, exaustivamente. E sinto que eu não conseguia atingir o pico de energia esperado pelo Tadashi para esse fragmento do espetáculo. Ao invés de um tempo acelerado, tínhamos um tempo cansado e o espetáculo terminava com uma curva para baixo.

Chegamos a fixar as ações e fechar uma primeira ideia para a cena, uma música foi composta e um figurino experimentado.

Até o final estávamos insatisfeitos. Apresentamos, no ensaio aberto, essa primeira versão e o retorno que tivemos das pessoas que assistiram confirmou nossa frustração, a ponto de quase não a realizarmos no segundo dia de ensaio aberto. Nossas impressões circulavam para diferentes direções e não encontrávamos saídas.

Eu tinha a incumbência, é claro, de desenvolver e aprimorar as três trajetórias do espetáculo durante a ausência do Tadashi até o seu retorno no final do mês de julho, quando trabalharíamos juntos por uma semana nos preparando para a estreia oficial.

Durante esses meses, sozinha, eu não retomei em nenhum momento a idade da infância. Sequer tentei recriá-la e elaborar uma proposta. Não via saída. Só sabia que não faria como estava. Desde o princípio de sua construção algo me desgostava na maneira como a estávamos formalizando. O figurino me incomodava, as ações não me pareciam interessantes, tudo me causava rejeição, mas achei que necessitava experimentar profundamente a proposta de Tadashi antes de me opor a ela. Quem sabe não seria surpreendida por ela?

Não foi o que aconteceu e, mesmo temerosa da opinião do Tadashi, fiz meu "protesto" e não retomei esse fragmento.

Para minha grata surpresa, a primeira frase do Tadashi em sua chegada foi: *Vamos eliminar a última cena e encontrar um novo caminho.*

Não tínhamos dúvida sobre a manutenção da idade infantil como o movimento de encerramento do espetáculo e a manutenção do tempo acelerado. havíamos nos equivocado quanto à maneira de realizá-lo.

Tadashi, Simioni e eu fomos para a sala de trabalho e em duas horas de experimentações havíamos encontrado a chave perdida durante tantos meses.

Do movimento externo intenso fomos para a imobilidade aparente. Chegamos ao mover-se sem se mover. A energia condensada ao limite explodindo em vibração e microimpulsos que percorrem o corpo.

A criança velha atravessada pelos poemas memórias reconstruindo sua própria história entre:

– a ladainha de conselhos da mãe,

nunca varrer o lixo pra fora pela porta da sala, dá azar grande.
não abrir guarda chuva dentro de casa, chama chuva.
mamangava quando voa dentro de casa é aviso de morte próxima,
é só lembrar da morte da Tia Teresa, mamangava voou, voou e caiu
no chão de barriga pra cima, igualzinho a tia que da escada tombou.
nunca tomar banho depois de comer.
em dia de chuva, cobrir o espelho, o ferro de passar roupa, desligar o relógio de energia elétrica e esconder tudo que brilha, rezar
ajuda muito.
não brincar com faca, o Diabo atenta.
não brincar de aleijado, Deus castiga.
não olhar no espelho depois de comer, vira a boca.
depois de visita ao cemitério tirar a roupa antes de entrar em casa.
nunca lavar o cabelo menstruada, a Zica morreu assim, o sangue
subiu pra cabeça.
cabelo que sai no pente, não pode jogar fora pela janela, passarinho
pega e faz ninho, daí dá dor de cabeça na gente.
a mãe guardava os montinhos numa caixinha de papelão e dizia que
eles continuavam crescendo, tramando um no outro.
cortar o cabelo na lua crescente.
dormir de barriga cheia dá pesadelo ruim.
nunca misturar leite com manga e pepino com ovo.

- a morte da vó, do pai e da mãe:

'tá lá a vó, suspensa na sala, quatro velas.
nunca vi vela tão grande.
a mãe chora, o pai caminha em zigue-zague,
gente grande tanta tanta, a sala encolhida,
a vó parece ser a única que tá feliz,
nem acorda com a barulheira toda.
eu 'tô de vigia, minha missão é não deixar a vela apagar.
dia bom, hoje nem precisei ir pra escola.

- eu mesma, tremendo vigorosamente, olhos ressecados
esvaindo em lágrimas, água fina escorrendo pela boca,
como um furacão sugando tudo o que é vivo ao redor, toda

memória condensada explodindo em pequenos fragmentos de luz. Olhos turvos, quase cegueira vazada.

A catarse, a explosão no salto, aqui cheguei! E posso ir além. E mais, e mais, e mais... Até onde o coração deixar e minhas pernas não fraquejarem.

ACONTECIMENTO AZUL: A IMPERMANÊNCIA

Novamente me coloco para ouvir uma das histórias do Tadashi:

Fazer um espetáculo é como preparar uma refeição. Primeiro temos a ideia do que vamos servir e então vamos à feira ou ao supermercado. Escolhemos os alimentos mais frescos, tomates frescos, verduras frescas, carnes ou peixes frescos e com as cores mais vibrantes. Sentimos que devemos combinar bem essas cores e também os sabores, formas e disposições.

Os atores-dançarinos chegam e eles dançam diferente, movem-se diferente, agem diferente; isto é, com cores e sabores diferentes. Mas esses atores-dançarinos devem estar "frescos", o que não significa serem jovens, mas estarem motivados, preparados. Esse é o ponto de partida. Depois há o corte das formas e as suas combinações. Às vezes alguns atores-dançarinos são muito rígidos e trabalhamos em movimentos que os desbloqueiam; outros são muito relaxados e vamos noutra direção. Então nós criamos exercícios para que esses diferentes corpos sejam modificados de forma apropriada. Finalmente, juntamos tudo e levamos ao fogo. Então surge a necessidade dos temperos e do sal. De outro modo, tudo pode ficar insosso. É uma parte muito importante, pois temos que ter uma espécie de intuição para colocar os temperos nas quantidades certas. E vamos provando para ver como está! Quando os atores-dançarinos não agem com essa intuição, então tudo se torna um pouco mecânico e inconsistente. É necessária esta intuição, esta 'atmosfera'. Um tempo depois, a comida está pronta! Você gosta do que fez e então você quer oferecer aos outros. Por favor, sirva-se! Mas a refeição está boa? Os próprios atores-dançarinos apreciam a refeição servida? É certo que esse é um parâmetro importante. É preciso, então, apresentar e apresentar o espetáculo, porque, às vezes, os atores--dançarinos não estão muito seguros desta intuição, e tudo pode parecer um pouco artificial. Às vezes, o espetáculo não é uma refeição de que todos gostam. Você gosta e fez bem o seu trabalho, mas alguns não gostam daquela comida, preferem outro estilo. Tudo bem, nós temos que aceitar. Nem todos gostam de sushi, alguns preferem comida italiana. Não temos o que fazer a não ser sugerir que eles provem dessa comida que está sendo feita agora, neste momento. Porque se você cozinha, atua ou dança, você deve cozinhar, atuar e dançar absolutamente agora. Isto é o mais importante e é assim que eu sinto um espetáculo.

Frescor e motivação. Forma e técnica. Combinação e composição. Tempero e intuição. Sabor e atmosfera.

Depois de preparada a refeição/espetáculo/reflexão, você gosta do que fez? Foi preparada(o) com os melhores ingredientes que estavam disponíveis no momento? Se minha resposta à minha própria pergunta é sim, só posso convidá-los para saboreá-la comigo. Seja em forma de espetáculo, seja em palavras escritas. Quem sabe, um dia, prepararemos juntos uma refeição?

O agora é o tempo do nosso encontro. Um tempo sem parada, que exige urgência e intensidade. Seria diferente se fosse em outro momento, seguramente sim. Por isso não gera apego, é só passagem. Passagem que deixa marcas, provoca fissuras, revira, mexe, remexe. Rastros por onde se intui o caminhar. A natureza essencial da nossa experiência sendo a própria mudança e transformação.

Todo o processo de imersão foi construído sobre dificuldades e instabilidades. Os mesmos princípios se encontram presentes no espetáculo, todo ele costurado por fios invisíveis que alinhavam, mas não aprisionam, deixando margem para o encontro, no agora. Esse é o prazer, esse é o perigo.

Os poemas memória, nosso ponto de partida, que haviam sido deixados de lado após o primeiro contato, retornaram, se é que em algum momento se foram, conectando as três trajetórias.

Seu corpo é um poema corpo, essa metamorfose começa no início, com a velhice e vai até o fim. A intensidade de uma vida vivida num curto período de tempo. O espaço vazio também ele cheio de poemas, compondo a atmosfera; poemas invisíveis (imagens internas) espalhados pelo espaço da trajetória das três idades, permeando toda a partitura, toda ela funcionando como uma pista de lançamento para um outro lugar e tempo.

No dia da estreia, percebendo minha ansiedade e excitação, depois de finalizados os preparativos para o espetáculo – aquecimento, maquiagem, figurino – e ainda faltando trinta minutos para o seu início, Tadashi me colocou sentada em frente a um espelho e pediu que eu permanecesse o tempo que me restava olhando apenas para a minha imagem refletida. Respirando e olhando. Em seguida saiu da sala.

Os primeiros minutos pareceram durar uma eternidade, respiração acelerada, desconfiança no ar, eu sendo espreitada por mim mesma, em tocaia, olhar fugidio buscando sabe-se lá o quê. Aos poucos, sem que eu me desse conta, o tempo se desacelerou no compasso dos meus batimentos cardíacos, "não será porque, através dos espelhos, parece que o tempo muda de direção e de velocidade?"[1]. Os minutos foram suspensos e à minha volta todo o espaço se dilatou. Pude ver o vento entrando pela janela, através da cortina que se movia em câmera lenta. "Olhos contra os olhos. Soube-o: os olhos da gente não têm fim."[2] E a mudança era no modo de focar, vendo não vendo, esfumaçado. Daí, "comecei a procurar-me – ao eu por detrás de mim – à tona do espelho"[3]. E o que via não era meu rosto conhecido, ele ia e vinha, entremeado pela boca da mãe, pelo olhar do pai, o rosto imaginado da vó. Nesse momento, entendi o motivo, o porquê de estar só. Para poder encontrar os mil corpos que me habitam, que partiram para que eu pudesse aqui estar e serestar com eles.

1. J. Guimarães Rosa, *Manuelzão e Miguilim*, p. 122.
2. Ibidem, p. 123.
3. Ibidem, p. 122.

FIG. 8: *Infância – aceno final*

Segredos divididos

você sabia que...

... quando era hora d'eu nascer, lá na barriga da mãe, eu dei sinal falso três vezes? vinha e não vinha, ia e não vinha, até que vim. quase cheguei no carnaval e desisti. só mesmo dez de março a quinta filha chegou. temporã. daí a lentidão agarrou em mim e não soltou mais foi nunca.

... a mãe dizia que a culpa da lerdeza era do sarampo que tive com sete anos. nunca acreditei, não. sempre me senti assim, vagarosa, desde que dei conta de mim nesse existir.

... te contei que meu pai tinha cabelos de algodão? nunca vi de outra cor. tão lindo ele era. eu mais ele formávamos um par lindo. sabe alguém que te sabe antes mesmo de você? saudades dele e de mim.

... te contei que antes de dormir passo e repasso e rerepasso pedacinhos de memória colhidas do dia, do ontem, do anteontem, até ela gastar e ir embora sem se despedir? te contei que você faz parte agora desses pedacinhos de memória?

... te contei que medo grande mesmo que tenho é de ficar sozinha? acho que nasci com ele, fui à escola com ele, menstruei com ele, casei com ele, me descasei com ele, oh, olha ele aqui do meu lado! é, acho que não tem perigo d' eu ficar sozinha nunca.

... te contei que adoro cantar e batucar na minha caixa? que assim me sinto viva e aí parece que o tempo corre lento, no tempo que bate meu coração?

... te contei que amarelo é a cor mais linda de pintar, nem que seja uma gotinha só no canto da folha branca?

... te contei que às vezes acordo e me recuso a abrir o olho, esticando o sonhar? e que nessa modorra fico e fico, até o corpo doer gritando: levanta, pô! aí dá raiva e de birra, só viro pro lado e cubro a cabeça pro escuro voltar? e que aí o ar acaba e a vontade mesmo que dá é de passar o dia de olhos vendados só vendo o de dentro das coisas?

BIBLIOGRAFIA

BARROS, Manoel de. *Memórias Inventadas*. São Paulo: Planeta, 2003.

_____. *O Livro das Ignorãças*. 6. ed. Rio de Janeiro: Record, 1998.

BENJAMIN, Walter. O Narrador: Considerações Sobre a Obra de Nikolai Leskov, *Obras Escolhidas I: Magia e Técnica, Arte e Política: Ensaios Sobre Literatura e História da Cultura*. 6. ed. São Paulo: Brasiliense, 1993.

BOGÉA, Inês. *Kazuo Ohno*. São Paulo: Cosac&Naify, 2002.

BONDÍA, Jorge Larrosa. Notas Sobre a Experiência e o Saber da Experiência, *Revista Brasileira de Educação*, n. 19, jan.-fev.-mar.-abr. 2002

BOSI, Ecléa. *O Tempo Vivo da Memória: Ensaios de Psicologia Social*. São Paulo: Ateliê, 2003.

BURNIER, Luís Otávio. *A Arte de Ator: Da Técnica à Representação*. Campinas: Editora da Unicamp, 2001.

COLLA, Ana Cristina. *Da Minha Janela Vejo... Relato de uma Trajetória Pessoal de Pesquisa no Lume*. São Paulo: Aderaldo & Rothschild, 2006.

DELEUZE, Gilles. *Bergsonismo*. Trad. Luís B. L. Orlandi. São Paulo: Editora 34, 1999.

ENDO, Tadashi. Shi-zen, 7 Cuias: Uma Entrevista Com Tadashi Endo. *Revista do Lume*. Campinas, n. 6, jun. 2005.

FERRACINI, Renato. *Café Com Queijo: Corpos em Criação*. São Paulo: Aderaldo & Rothschild, 2006.

_____. *A Arte de Não Interpretar Como Poesia Corpórea do Ator*. Campinas: Editora da Unicamp/Imprensa Oficial do Estado, 2001.

FERRACINI, Renato; LEWINSOHN, Ana Caldas. Uma Pedagogia da Memória- -Ação, *Revista Olhares*, n. 1. Escola Superior de Artes Célia Helena, 2009.

GIL, José. *A Imagem Nua e as Pequenas Percepções: Estética e Metafenomenologia*. Lisboa: Relógio D'Água, 2005.

_____. *Movimento Total: O Corpo e a Dança*. Lisboa: Relógio D'Água, 2001.

GREINER, Christine. *Butô: Pensamento em Evolução*. São Paulo: Escrituras, 1998.

GUIMARÃES ROSA, João. *Primeiras Estórias*. Rio de Janeiro: Nova Fronteira, 2001.

HIJIKATA, Tatsumi. O Butoh da Discípula. Carta Para Natsu Nakajima, abr. 1984, publicado no programa do espetáculo *Sleep and Reincarnation from the Empty Land*, de N. Nakajima. Campinas, 1991.

LEONARDELLI, Patrícia. *A Memória Como Recriação do Vivido: Um Estudo da História do Conceito de Memória Aplicado às Artes Performativas na Perspectiva do Depoimento Pessoal*. Tese de doutorado, Escola de Comunicação e Artes, São Paulo, USP, 2008.

MACHADO, Antonio. *Poesias Escogidas*. 3. ed. Nota preliminar de F.S.R. Madrid: Aguilar, 1958. Colección Crisol – "Provérbios y Cantares" – XXIX.

MASSON-SÉKINÉ, Nourit. *Butoh: Uma Filosofia da Percepção Para Além da Arte*. Palestra ministrada na Fundação Japão, São Paulo, em 2 de fevereiro de 2006. Tradução de Bernard Aygadoux. Disponível em: <http://www.nouritms.fr/traductionfondjap>. Acesso em 17 dez. 2012.

MATURANA, Humberto. *Cognição, Ciência e Vida Cotidiana*. Belo Horizonte: Editora da UFMG, 2001.

OIDA, Yoshi; MARSHALL, Lorna. *O Ator Invisível*. São Paulo: Beca Produções Culturais, 2001.

OZ, Amós. *De Amor e Trevas*. São Paulo: Companhia das Letras, 2005.

PAREYSON, Luigi. *Os Problemas da Estética*. São Paulo: Martins Fontes, 2005.

PASQUALOTTO, Giangiorgio. *Estetica del vuoto: Arte e meditazione nelle culture d'Oriente*. Venezia: Marsílio, 1992.

PRADO, Adélia. *Bagagem*. Rio de Janeiro: Record, 2003.

_____. *Poesia Reunida*. São Paulo: Siciliano, 2001.

_____. *Manuelzão e Miguilim*. 9. ed. Rio de Janeiro: Nova Fronteira, 1984.

SACKS, Oliver. *O Homem Que Confundiu Sua Mulher Com um Chapéu*. São Paulo: Companhia das Letras, 1997.

SPERBER, Suzi Frankl. *Ficção e Razão: Uma Retomada das Formas Simples*. São Paulo: Hucitec, 2009.

VATTIMO, Gianni. *A Sociedade Transparente*. Trad. Hossein Shooja e Isabel Santos. São Paulo: Relógio D'Água, 1992.

TEATRO NA PERSPECTIVA

O Sentido e a Máscara
Gerd A. Bornheim (D008)

A Tragédia Grega
Albin Lesky (D032)

Maiakóvski e o Teatro de Vanguarda
Angelo M. Ripellino (D042)

O Teatro e sua Realidade
Bernard Dort (D127)

Semiologia do Teatro
J. Guinsburg, J. T. Coelho Netto e Reni C. Cardoso (orgs.) (D138)

Teatro Moderno
Anatol Rosenfeld (D153)

O Teatro Ontem e Hoje
Célia Berrettini (D166)

Oficina: Do Teatro ao Te-Ato
Armando S. da Silva (D175)

O Mito e o Herói no Moderno Teatro Brasileiro
Anatol Rosenfeld (D179)

Natureza e Sentido da Improvisação Teatral
Sandra Chacra (D183)

Jogos Teatrais
Ingrid D. Koudela (D189)

Stanislávski e o Teatro de Arte de Moscou
J. Guinsburg (D192)

O Teatro Épico
Anatol Rosenfeld (D193)

Exercício Findo
Décio de Almeida Prado (D199)

O Teatro Brasileiro Moderno
Décio de Almeida Prado (D211)

Qorpo-Santo: Surrealismo ou Absurdo?
Eudinyr Fraga (D212)

Performance como Linguagem
Renato Cohen (D219)

Grupo Macunaíma: Carnavalização e Mito
David George (D230)

Bunraku: Um Teatro de Bonecos
Sakae M. Giroux e Tae Suzuki (D241)

No Reino da Desigualdade
Maria Lúcia de Souza B. Pupo (D244)

A Arte do Ator
Richard Boleslavski (D246)

Um Vôo Brechtiano
Ingrid D. Koudela (D248)

Prismas do Teatro
Anatol Rosenfeld (D256)

Teatro de Anchieta a Alencar
Décio de Almeida Prado (D261)

A Cena em Sombras
Leda Maria Martins (D267)

Texto e Jogo
Ingrid D. Koudela (D271)

O Drama Romântico Brasileiro
Décio de Almeida Prado (D273)

Para Trás e Para Frente
David Ball (D278)

Brecht na Pós-Modernidade
Ingrid D. Koudela (D281)

O Teatro É Necessário?
Denis Guénoun (D298)

O Teatro do Corpo Manifesto: Teatro Físico
Lúcia Romano (D301)

O Melodrama
Jean-Marie Thomasseau (D303)

Teatro com Meninos e Meninas de Rua
Marcia Pompeo Nogueira (D312)

O Pós-Dramático: Um conceito Operativo?
J. Guinsburg e Sílvia Fernandes (orgs.) (D314)

Contar Histórias com o Jogo Teatral
Alessandra A. de Faria (D323)

Brecht e o Teatro Épico
Anatol Rosenfeld (D326)

Teatro no Brasil
Ruggero Jacobbi (D327)

40 Questões Para um Papel
Jurij Alschitz (D328)

Teatro Brasileiro: Ideias de uma História
J. Guinsburg e Rosangela Patriota (D329)

João Caetano
Décio de Almeida Prado (E011)

Mestres do Teatro I
John Gassner (E036)

Mestres do Teatro II
John Gassner (E048)

Artaud e o Teatro
Alain Virmaux (E058)

Improvisação para o Teatro
Viola Spolin (E062)

Jogo, Teatro & Pensamento
Richard Courtney (E076)

Teatro: Leste & Oeste
Leonard C. Pronko (E080)

Uma Atriz: Cacilda Becker
Nanci Fernandes e Maria T. Vargas (orgs.) (E086)

TBC: Crônica de um Sonho
Alberto Guzik (E090)

Os Processos Criativos de Robert Wilson
Luiz Roberto Galizia (E091)

Nelson Rodrigues: Dramaturgia e Encenações
Sábato Magaldi (E098)

José de Alencar e o Teatro
João Roberto Faria (E100)

Sobre o Trabalho do Ator
M. Meiches e S. Fernandes (E103)

Arthur de Azevedo: A Palavra e o Riso
Antonio Martins (E107)

O Texto no Teatro
Sábato Magaldi (E111)

Teatro da Militância
Silvana Garcia (E113)

Brecht: Um Jogo de Aprendizagem
Ingrid D. Koudela (E117)

O Ator no Século XX
Odette Aslan (E119)

Zeami: Cena e Pensamento Nô
Sakae M. Giroux (E122)

Um Teatro da Mulher
Elza Cunha de Vincenzo (E127)

Concerto Barroco às Óperas do Judeu
Francisco Maciel Silveira (E131)

Os Teatros Bunraku e Kabuki: Uma Visada Barroca
Darci Kusano (E133)

O Teatro Realista no Brasil: 1855-1865
João Roberto Faria (E136)

Antunes Filho e a Dimensão Utópica
Sebastião Milaré (E140)

O Truque e a Alma
Angelo Maria Ripellino (E145)

A Procura da Lucidez em Artaud
Vera Lúcia Felício (E148)

Memória e Invenção: Gerald Thomas em Cena
Sílvia Fernandes (E149)

O Inspetor Geral de Gógol/ Meyerhold
Arlete Cavaliere (E151)

O Teatro de Heiner Müller
Ruth C. de O. Röhl (E152)

Falando de Shakespeare
Barbara Heliodora (E155)

Moderna Dramaturgia Brasileira
Sábato Magaldi (E159)

*Work in Progress na Cena
Contemporânea*
Renato Cohen (E162)

Stanislávski, Meierhold e Cia
J. Guinsburg (E170)

*Apresentação do Teatro Brasileiro
Moderno*
Décio de Almeida Prado (E172)

Da Cena em Cena
J. Guinsburg (E175)

O Ator Compositor
Matteo Bonfitto (E177)

Ruggero Jacobbi
Berenice Raulino (E182)

Papel do Corpo no Corpo do Ator
Sônia Machado Azevedo (E184)

O Teatro em Progresso
Décio de Almeida Prado (E185)

Édipo em Tebas
Bernard Knox (E186)

Depois do Espetáculo
Sábato Magaldi (E192)

Em Busca da Brasilidade
Claudia Braga (E194)

A Análise dos Espetáculos
Patrice Pavis (E196)

*As Máscaras Mutáveis do Buda
Dourado*
Mark Olsen (E207)

Crítica da Razão Teatral
Alessandra Vannucci (E211)

Caos e Dramaturgia
Rubens Rewald (E213)

Para Ler o Teatro
Anne Ubersfeld (E217)

Entre o Mediterrâneo e o Atlântico
Maria Lúcia de S. B. Pupo
(E220)

*Yukio Mishima: O Homem de
Teatro e de Cinema*
Darci Kusano (E225)

O Teatro da Natureza
Marta Metzler (E226)

Margem e Centro
Ana Lúcia V. de Andrade (E227)

*Ibsen e o Novo Sujeito da
Modernidade*
Tereza Menezes (E229)

Teatro Sempre
Sábato Magaldi (E232)

O Ator como Xamã
Gilberto Icle (E233)

A Terra de Cinzas e Diamantes
Eugenio Barba (E235)

A Ostra e a Pérola
Adriana D. de Mariz (E237)

A Crítica de um Teatro Crítico
Rosangela Patriota (E240)

*O Teatro no Cruzamento de
Culturas*
Patrice Pavis (E247)

*Eisenstein Ultrateatral: Movimento
Expressivo e Montagem de Atrações
na Teoria do Espetáculo de Serguei
Eisenstein*
Vanessa Teixeira de Oliveira
(E249)

Teatro em Foco
Sábato Magaldi (E252)

*A Arte do Ator entre os
Séculos XVI e XVIII*
Ana Portich (E254)

O Teatro no Século XVIII
Renata S. Junqueira e Maria
Gloria C. Mazzi (orgs.) (E256)

A Gargalhada de Ulisses
Cleise Furtado Mendes (E258)

*A Dramaturgia da Memória no
Teatro-Dança*
Lícia Maria Morais Sánchez
(E259)

A Cena em Ensaios
Béatrice Picon-Vallin (E260)

Teatro da Morte
Tadeusz Kantor (E262)

Escritura Política no Texto Teatral
Hans-Thies Lehmann (E263)

Na Cena do Dr. Dapertutto
Maria Thais (E267)

A Cinética do Invisível
Matteo Bonfitto (E268)

Luigi Pirandello:
Um Teatro para Marta Abba
Martha Ribeiro (E275)

Teatralidades Contemporâneas
Sílvia Fernandes (E277)

Conversas sobre a Formação do Ator
J. Lassale e J.-L. Rivière (E278)

A Encenação Contemporânea
Patrice Pavis (E279)

As Redes dos Oprimidos
Tristan Castro-Pozo (E283)

O Espaço da Tragédia
Gilson Motta (E290)

A Cena Contaminada
José Tonezzi (E291)

A Gênese da Vertigem
Antonio Araújo (E294)

Trabalhar com Grotowski : Sobre as Ações Físicas
Thomas Richards (E296)

A Fragmentação da Personagem: No Texto Teatral
Maria Lúcia Levy Candeias (E297)

Alquimistas do Palco: Os Laboratórios Teatrais na Europa
Mirella Schino (E299)

Palavras Praticadas:O Percurso Artístico de Jerzy Grotowski, 1959-1974
Tatiana Motta Lima (E300)

Persona Performática:
Alteridade e Experiência na Obra de Renato Cohen
Ana Goldenstein Carvalhaes (E301)

Como Parar de Atuar
Harold Guskin (E303)

Metalinguagem e Teatro: A Obra de Jorge Andrade
Catarina Sant Anna (E304)

Apelos
Jacques Copeau (E305)

Ensaios de um Percurso
Esther Priszkulnik (E306)

Função Estética da Luz
Roberto Gill Camargo (E307)

Do Grotesco e do Sublime
Victor Hugo (EL05)

O Cenário no Avesso
Sábato Magaldi (EL10)

A Linguagem de Beckett
Célia Berrettini (EL23)

Idéia do Teatro
José Ortega y Gasset (EL25)

O Romance Experimental e o Naturalismo no Teatro
Emile Zola (EL35)

Duas Farsas: O Embrião do Teatro de Molière
Célia Berrettini (EL36)

Marta, A Árvore e o Relógio
Jorge Andrade (T001)

O Dibuk
Sch. An-Ski (T005)

Leone de'Sommi: Um Judeu no Teatro da Renascença Italiana
J. Guinsburg (org.) (T008)

Urgência e Ruptura
Consuelo de Castro (T010)

Pirandello do Teatro no Teatro
J. Guinsburg (org.) (T011)

Canetti: O Teatro Terrível
Elias Canetti (T014)

Idéias Teatrais: O Século XIX no Brasil
João Roberto Faria (T015)

Heiner Müller: O Espanto no Teatro
Ingrid D. Koudela (org.)(T016)

Büchner: Na Pena e na Cena
J. Guinsburg e Ingrid Dormien Koudela (orgs.) (T017)

Teatro Completo
Renata Pallottini (T018)

Barbara Heliodora: Escritos sobre Teatro
Claudia Braga (org.) (T020)

Machado de Assis: Do Teatro
João Roberto Faria (org.)(T023)

Luís Alberto de Abreu: Um Teatro de Pesquisa
Adélia Nicolete (org.) (T025)

Teatro Espanhol do Século de Ouro
J. Guinsburg e Newton Cunha (orgs.) (T026)

Tatiana Belinky: Uma Janela para o Mundo
Maria Lúcia de Souza Barros Pupo (org.) (T28)

Um Encenador de si Mesmo: Gerald Thomas
J. Guinsburg e S. Fernandes (S021)

Três Tragédias Gregas
Guilherme de Almeida e Trajano Vieira (S022)

Édipo Rei de Sófocles
Trajano Vieira (S031)

As Bacantes de Eurípides
Trajano Vieira (S036)

Édipo em Colono de Sófocles
Trajano Vieira (S041)

Agamêmnon de Ésquilo
Trajano Vieira (S046)

Antígone de Sófocles
Trajano Vieira (S049)

Lisístrata e Tesmoforiantes
Trajano Vieira (S052)

Teatro e Sociedade: Shakespeare
Guy Boquet (K015)

O Cotidiano de uma Lenda
Cristiane L. Takeda (PERS)

Eis Antonin Artaud
Florence de Mèredieu (PERS)

Eleonora Duse: Vida e Obra
Giovanni Pontiero (PERS)

Linguagem e Vida
Antonin Artaud (PERS)

Ninguém se Livra de seus Fantasmas
Nydia Licia (PERS)

Sábato Magaldi e as Heresias do Teatro
Maria de Fátima da Silva Assunção (PERS)

BR-3
Teatro da Vertigem (LSC)

Dicionário de Teatro
Patrice Pavis (LSC)

Dicionário do Teatro Brasileiro: Temas, Formas e Conceitos
J. Guinsburg, João Roberto Faria e Mariangela Alves de Lima (LSC)

História Mundial do Teatro
Margot Berthold (LSC)

História do Teatro Brasileiro, v. 1: Das Origens ao Teatro Profissional da Primeira Metade do Século XX
João Roberto Faria (DIR.) (LSC)

História do Teatro Brasileiro, v. 2: Do modernismo ás Tendências Contemporâneas
João Roberto Faria (DIR.) (LSC)

O Jogo Teatral no Livro do Diretor
Viola Spolin (LSC)

Jogos Teatrais: O Fichário de Viola Spolin
Viola Spolin (LSC)

Jogos Teatrais na Sala de Aula
Viola Spolin (LSC)

Queimar a Casa: Origens de um Diretor
Eugenio Barba (LSC)

Rastros: Treinamento e História de Uma Atriz do Odin Teatret
Roberta Carreri (LSC)

Teatro Laboratório de Jerzy Grotowsky
Ludwik Flaszen e Carla Pollastrelli (cur.) (LSC)

Últimos: Comédia Musical em Dois Atos
Fernando Marques (LSC)

Uma Empresa e seus Segredos: Companhia Maria Della Costa
Tania Brandão (LSC)

Zé
Fernando Marques (LSC)